Heinrich Pompey

Zur Neuprofilierung der caritativen Diakonie der Kirche

Die Caritas-Enzyklika „Deus Caritas est"

Kommentar und Auswertung

W0038884

Heinrich Pompey

Zur Neuprofilierung der caritativen Diakonie der Kirche

Die Caritas-Enzyklika
„Deus caritas est"
Kommentar und Auswertung

echter

Bibliografische Information der Deutschen Bibliothek
Die Deutsche Bibliothek verzeichnet diese Publikation in der
Deutschen Nationalbibliografie; detaillierte bibliografische Daten sind
im Internet über <http://dnb.ddb.de> abrufbar.

© 2007 Echter Verlag GmbH, Würzburg
www.echter-verlag.de
Umschlag: wunderlichundweigand.de, Würzburg
Druck und Bindung: Druckerei Friedrich Pustet, Regensburg
ISBN 978-3-429-02908-1

Inhalt

Vorwort

Mit seiner ersten Enzyklika entwickelt Benedikt XVI. ein
die Praxis inspirierendes theologisches Programm, das die
Kirche erneuern und liebenswert prägen kann. Es handelt sich um eine Enzyklika der visionären Innovation,
der jede Restauration fremd ist. Bedeutsame caritastheologische Reflexionsweichen werden gestellt. Die Enzyklika beabsichtigt nicht, das Thema Caritas bzw. den Dienst
der Caritas erschöpfend für die caritative Diakonie der
Kirche zu behandeln. Sie motiviert, die biblischen, theologischen wie anthropologischen Wurzeln der Caritas zu
ergründen sowie das Leben der Heiligen der Caritas als
leuchtende Vorbilder der Caritas zu betrachten.

Den so von Benedikt XVI. geöffneten theologischen Leitspuren möchte dieses Buch durch Kommentierung der
Enzyklika und durch Ableitungen von praxisrelevanten
Anwendungschancen nachgehen. Es werden einige mar-
kante Perspektiven der Enzyklika im Blick auf das konkrete caritative Helfen verdeutlicht und transparent gemacht,
zum Beispiel die praktische Bedeutung der Eros-Dimension in der caritativen Zuwendung zu leidenden Menschen
(DCE 7 u. 15), die helfende und heilende „Wirk"-lichkeit
von Glaube, Hoffnung und Liebe in Verbindung mit Demut und Geduld (DCE 39) u. a., um zu zeigen, worin die
vom Papst herausgestellte geistliche Dimension der caritativen Begleitung von Menschen besteht. Ferner wird
die Relevanz der geistlichen Prägung der Caritas für das
Selbstverständnis der organisierten Fachcaritas dargelegt,
speziell im Blick auf die rechtlichen Grundlagen der deutschen Caritas. Insgesamt geht es in den nachfolgenden
Ausführungen um eine caritaspraktische Übersetzung der
caritastheologischen Optionen Benedikt XVI., um zu zeigen, was im Sinne der Enzyklika das Spezifikum und das
besondere Profil der Caritas ausmacht.

Freiburg, den 3. Januar 2007   *Heinrich Pompey*

1. Teil
Vorbemerkungen zur Enzyklika[1]

Mit dem Johanneischen Bekenntnis: „Deus caritas est/ Gott ist die Liebe" (1 Joh 4,16) eröffnet Benedikt XVI. seine Enzyklika. Dieser Titel provoziert bereits grundlegende theologische Fragen: Was heißt und meint „Liebe Gottes", worin besteht Gottes Liebe, wie und wo kann man sie erfahren, was sind die Charakteristika seiner Liebe, die wir Menschen wahrnehmen können bzw. die Gott uns offenbart hat oder die sich rational erschließen lassen? Diesen theologischen Grundfragen stellt sich Benedikt XVI. im ersten Teil seiner Enzyklika; denn nur der, der die Liebe Gottes in ihrer „Wirk"-lichkeit existentiell kennt und erfahren hat, kann sie leben, und allein „wer in der Liebe bleibt, bleibt in Gott, und Gott bleibt in ihm" (1 Joh 4,16). Was die Liebe Gottes für den Dienst der Kirche zum Wohl der leidenden Menschen praktisch bedeutet, legt Benedikt XVI. im zweiten Teil seines Lehrschreibens dar.

1.1 Absicht der Enzyklika

In seiner Ansprache anlässlich einer Audienz für die Teilnehmer der Konferenz des Päpstlichen Rates COR UNUM erklärt der Papst – zwei Tage vor der Publikation der Enzyklika – die Absicht seines Lehrschreibens. Auf einen kurzen Nenner gebracht, geht es ihm darum, die Menschennähe des christlichen Glaubens aufzuzeigen. „Es war mein Wunsch, die zentrale Bedeutung des Glaubens an Gott hervorzuheben – des Glaubens an den Gott, der ein menschliches Antlitz und ein menschliches Herz annahm. Der Glaube ist keine Theorie, die man überneh-

---

[1] Der Text der Enzyklika ist herunterzuladen über *www.dbk.de/schriften/verlautbarungen der weltkirche* und zu erhalten über das Sekretariat der Deutschen Bischofskonferenz, Kaiserstraße 161, 53113 Bonn.

men oder auch beiseitelegen kann. Der Glaube ist etwas sehr Konkretes, ist der Maßstab, der unseren Lebensstil bestimmt. In einer Zeit, in der die Feindseligkeit und Habsucht übermächtig geworden sind, in einer Zeit, in der der Missbrauch der Religion bis zur Verherrlichung des Hasses getrieben wird, kann neutrale Rationalität allein uns nicht schützen. Wir brauchen den lebendigen Gott, der uns bis zum Tod geliebt hat." „So sind in dieser Enzyklika die Themen ‚Gott', ‚Christus' und ‚Liebe' als zentraler Leitfaden des christlichen Glaubens miteinander verschmolzen. Ich wollte die Menschlichkeit des Glaubens verdeutlichen."[2]

„Schon Papst Johannes Paul II. hatte sich gegen Ende seines Lebens für diesen Stoff entschieden", wie der Präsident des Päpstlichen Rates COR UNUM Erzbischof Dr. Paul Josef Cordes schreibt.[3] Dieser war seinerzeit von Johannes Paul II. gebeten worden, einen Entwurf für ein päpstliches Caritas-Dokument zu erstellen. Über das Vorhaben war der damalige Kardinal Ratzinger als Präsident der Glaubenskongregation informiert.[4] Es könnte sein, dass schon seinerzeit Vorarbeiten in der Glaubenskongregation erfolgten, die Benedikt XVI. nun als Papst mit seinem eigenen theologischen Denken verbinden konnte. Zur Vorgeschichte der Enzyklika gehört ferner, dass Johannes Paul II. zur geistlichen Einstimmung auf das Millennium das Jahr 1999 zum Jahr der theologischen Reflexion der Caritas erklärte.[5] Der damalige Präsident

---

[2] Vgl. Benedikt XVI., Ansprache bei der Audienz der Teilnehmer an der vom Päpstlichen Rat COR UNUM veranstalteten Tagung am 23. 01. 2006 in der Sala Clementina.

[3] So waren bereits von COR UNUM zu spezifischen caritastheologischen Aspekten Gedankenskizzen zusammengetragen worden.

[4] Vgl. Cordes, P. J., Einführung, in: Päpstlicher Rat „COR UNUM" (Hg.), Deus caritas est – Dokumentation des internationalen Kongresses über die christliche Liebe, Rom 2006, 17; ders. „Gott ist die Liebe" – Zur ersten Enzyklika Papst Benedikts XVI., Ansprache während der Internationalen Konferenz zur Caritas anlässlich der Veröffentlichung der Enzyklika vom 23.–24. 01. 2006 im Vatikan.

[5] Vgl. Johannes Paul II., TERTIO MILLENNIO ADVENIENTE (Enzyklika), Rom 10. 11. 1994.

des Päpstlichen Rates Cor Unum Roger Kardinal Etche-
garay nahm es zum Anlass, bereits am 30. November 1995
alle Präsidenten der sozial-caritativen Kommissionen der
einzelnen Länder zu einer intensiven caritastheologischen wie caritaspraktischen Reflexion einzuladen und
diesbezüglich nationale und internationale Tagungen zu
dieser Thematik durchzuführen.[6] Vom 12. bis 15. 5.1999
veranstaltete der Päpstliche Rat Cor Unum[7] unter Leitung des inzwischen neuen Präsidenten Erzbischof Dr.
Cordes den Weltkongress zur Caritas zum Thema: „And
above all these put on love – Many Forms of Poverty,
One Single Response",[8] der auf dem Petersplatz durch
Johannes Paul II. während eines Gottesdienstes anlässlich des Tages der Nächstenliebe mit einer Botschaft zur
Nächstenliebe abgeschlossen wurde.[9] Außerdem fand für
Europa ein entsprechender Kongress in Warschau[10] vom
22. bis 26. September 1999 zum Thema „Caritas Christi
urget nos" – Caritas in Europa im 3. Jahrtausend statt.[11]
Insofern war die Weltkirche vorbereitet auf die Enzykli-
ka „Deus caritas est". Von der Vorgeschichte her ist es
verständlich, dass Benedikt XVI. das Anliegen seines
Vorgängers aufgreift, zumal es ganz und gar seinem ei-

---

[6] Vgl. Cor Unum, Letter to the Presidents of the Episcopal Commissions for social Action, v. 30. 11. 1995, N. 41.959/95.

[7] An der inhaltlichen Ausrichtung des Kongresses war das Institut für
Caritaswissenschaft der Universität Freiburg engagiert mitbeteiligt.

[8] Die Sammlung aller Beiträge findet sich in: Cor Unum, Acts of the
World Congress on Charity, Rom 1999.

[9] Vgl. COR UNUM, Botschaft Johannes Pauls II. zum Tag der Nächstenliebe, Rom 16. 05. 1999.

[10] Mit rund 200 Teilnehmern aus über 20 Ländern fand vom 22.–26.
09.1999 der erste europäische caritaswissenschaftliche Kongress in
Warschau statt. Vorbereitung und Durchführung der Begegnung von
Wissenschaftlern und Praktikern aus dem Bereich der Caritas lagen
beim Lehrstuhl für Caritaswissenschaft in Freiburg, der Katholischen
Akademie Warschau und Caritas Polska.

[11] Die Beiträge finden sich in: Lazewski, W. / Pompey, H. / Skorowski,
H. (Hg.), Caritas Christi urget nos. Caritas w Europie trzecim tysiacleciu, Caritas in Europe in the third millennium, Caritas in Europa
im 3. Jahrtausend, Internationaler Caritaswissenschaftlicher Kongress
22.–26.09.1999, Warszawa 2000 (polnisch / englisch / deutsch).

genen theologischen Denkansatz entspricht. Außerdem fällt auf, dass die beiden letzten Enzykliken von Johannes Paul II.: 1998 über das Verhältnis von Glaube und Vernunft mit dem Titel *Fides et Ratio*, also zur Logik des Glaubens und seiner Verkündigung, und 2003 zur Eucharistie in ihrem Verhältnis zur Kirche mit dem Titel *Ecclesia de eucharistia* verfasst wurden und sein Nachfolger Benedikt XVI. die erste Enzyklika zur Caritas in ihrem Verhältnis zur Kirche und zur Welt mit dem Titel *Deus caritas est* schreibt. Drei Themen pointiert die Kirche am Übergang zum neuen Jahrtausend: Glaubensvermittlung, Eucharistie und Diakonie. War das von den beiden Päpsten beabsichtigt? Es ist auffällig, dass Benedikt XVI. in seiner Enzyklika diese drei als gleichgewichtige Wesensaufgaben der Kirche herausstellt.

Es ging bei den genannten Vorbereitungen in der Weltkirche um die Liebe, die die christliche Grundhaltung zu Gott und zu den Mitmenschen schlechthin ist, die für die Menschen von heute eine der größten positiven Herausforderungen darstellt, so wie sie die Enzyklika grundlegend thematisiert. Bewusst greift der Papst dieses heikle wie zugleich brennende Thema auf: „Das Wort ‚Liebe' ist heute so entwertet, so abgenützt und missbraucht, dass man sich davor scheut, es in den Mund zu nehmen. Und doch ist es ein ursprüngliches Wort, Ausdruck der ursprünglichen Wirklichkeit. Wir können dieses Wort nicht einfach abschaffen, müssen es vielmehr wieder aufgreifen, läutern und ihm den ursprünglichen Glanz zurückgeben, damit es unser Leben erhellen und dieses auf den rechten Weg verringern kann. In diesem Bewusstsein sah ich mich veranlasst, die Liebe als Thema meiner ersten Enzyklika zu wählen."[12]

---

[12] Ebd.

1.2 Notwendigkeit und Überfälligkeit einer caritas-theologischen Enzyklika

a. Die eindrucksvolle Tradition *praktischer Zeugnisse* caritativer Diakonie in der 2000-jährigen Geschichte der Kirche, sei es das caritative Hilfeengagement der vielen Laien wie Ordensleute, sei es die Einrichtungsdiakonie der sog. „Diakoniae" der römischen Bischöfe im 3. und 4. Jahrhundert[13] wie der „Basiliaden" des hl. Basilius im 4. Jahrhundert im Osten[14], lässt Benedikt XVI. in einem umfassenden caritastheologischen Licht erstrahlen.[15] Benedikt XVI. greift mit seiner Enzyklika die frühkirchliche programmatische, richtungsweisende caritastheologische und caritaspraktische Reflexionstradition der Väter des Ostens: Johannes Chrysostomus (349–407) sowie Basilius d. Gr. (330–379) wieder auf.

Doch seit Bestehen der Kirche ist die Enzyklika „Deus caritas est" (Gott ist die Liebe) die erste lehramtliche Grundlegung und Inspiration der caritativ-diakonischen Sendung der Kirche und in dieser systematischen Weise in der lehramtlichen Theologie des Westens singulär. Die Enzyklika ist somit nicht nur das erste Schreiben von Benedikt XVI., sondern – hinsichtlich ihres Inhaltes – ein *historisches Erstlingsdokument* der Amtskirche.

---

[13] Vgl. Pompey, H., Der Bischof als „Pater pauperum" in der Diakoniegeschichte der Kirche. Ordo und Charisma in Verantwortung für die caritative Diakonie, in: Hillenbrand, K. / Niederschlag, H. (Hg.), Glaube und Gemeinschaft, Festschrift für Paul-Werner Scheele, Würzburg 2000, 339–361. Ders., Christlicher Glaube und helfende Solidarität in der Diakoniegeschichte der Kirche, in: Kerber, W. (Hg.), Religion und prosoziales Verhalten, München 1995, 75–134.

[14] Ebd.; Sotoniakova, E., Basileias – Die Hilfe an den Bedürftigen – Sozialer Aspekt der Lehre des hl. Basilios des Grossen vom Eigentum, in: Acta Universitatis Palackianae Olomucensis. Facultas theologica Cyrilla-Methodiana, Olomouc 1999, 1–13.

[15] Auch wenn er die beiden Väter der ostkirchlichen Barmherzigkeitstheologie Chrysostomus und Basilius d. Gr. nicht eigens nennt, sondern exemplarisch auf die ägyptische Klosterdiakonie Bezug nimmt (DCE 23).

Eine *systematisch-theologische und praxisbezogene lehr-amtliche Reflexion* der liebenden „Wirk"-lichkeit Gottes in Verbindung mit der caritativen Sendung des Christen und der Kirche sowie *der heilsnotwendigen caritativen Diakonie* gab es in den letzten 1000 Jahren der Kirche *nicht*, obschon die caritative Barmherzigkeit im Endgericht (Mt 25,31–46) das entscheidende Prüfkriterium für den Christen darstellt. Natürlich haben Theologen wie Chrysostomus und Basilius d. Gr.[16] im Osten sowie Augustinus[17], Gregor d. Gr.[18] und Thomas von Aquin[19] im Westen die Liebe theologisch reflektiert, doch in der lehramtlichen Verkündigung kam der Caritas keine Relevanz zu, mit Ausnahme der Liebe als Grund-„wirk"-lichkeit von Familie und ehelicher Partnerschaft z. B. in den Enzykliken Humanae Vitae (1968) oder Familiaris Consortio (1982). Schon gar nicht finden sich Darlegungen zur inneren Verbundenheit von Eros und Agape im Blick auf die caritative Diakonie – in der deutschen Version der Enzyklika wird caritative Diakonie etwas ungewöhnlich als Liebestun der Kirche übersetzt – bzw. auf die caritative Sendung der Kirche in der lehramtlichen Tradition.[20]

---

[16] Vgl. Pompey, a.a.O. 1995, 75–134.

[17] Augustinus (354-430) weist darauf hin, dass die Reichen vor Gott Rechenschaft von ihrem Reichtum ablegen müssen (vgl. Liese, W., Geschichte der Caritas. Bd. 1, Freiburg 1922, 90), obschon Reichtum an sich nicht schlecht ist (Liese, a.a.O. 91).

[18] Gregor d. Gr. (540–604) greift in seiner „Regula pastoralis" auf das alttestamentliche Verständnis von Reichtum und Armenhilfe zurück: „*Wenn wir den Armen das Nötige geben, geben wir ihnen das ihrige zurück, nicht das unsere; wir üben dann eher Gerechtigkeit als Barmherzigkeit*" (vgl. Regula pastoralis III 21).

[19] Thomas von Aquin, Die Liebe (1. Teil). Komm. v. H. M. Christmann, II-II 23–33. Reihe: Summa theologica, Hg. Albertus-Magnus-Akademie Walberberg bei Köln, Bd. 17A, Heidelberg, Graz, Wien, Köln 1959.

[20] Dieses Bemühen, den Eros für die Agape zu reklamieren, findet sich bereits in den 50er Jahren beim Philosophen Josef Pieper, Über die Liebe, München 1992⁷, 95–105, als er in Anlehnung an den katholischen Theologen C. S. Lewis aus England dem protestantischen Theologen Anders Nygren aus Schweden bzgl. der Abspaltung des Eros von der Agape widerspricht. Auch Josef Ratzinger beschäftigte sich in den 60er Jahren mit der Thematik Eros und Agape, vgl. Ratzinger, J., Die christ-

Andererseits gibt es in der neueren Geschichte zahlreiche katholische und evangelische Theologen, die Darlegungen zu Teilaspekten insbesondere zur Theologie der Liebe bzw. zu den theologischen Grundlagen der caritativen Diakonie der Kirche verfassten.[21]

b. Mit Recht kann die katholische Kirche stolz sein, seit dem 19. Jahrhundert im Blick auf die *makrosystemischen* gesellschaftlichen Bedingungen der vorherrschenden sozialen Not (z. B. in der Arbeitswelt, bei den Familien und den heutigen Migrationsbewegungen) mit einer qualifizierten und richtungweisenden lehramtlichen Verkündigung – wenn auch zeitlich verzögert, wie der Papst ausdrücklich beklagt (DCE 27) – reagiert zu haben. Erinnert sei an die *Sozial-Enzykliken* RERUM NOVARUM (1891), QUADRAGESIMO ANNO (1931), MATER ET MAGISTRA (1961), LABOREM EXERCENS (1981), SOLLICITUDO REI SOCIALIS (1987) sowie CENTESIMUS ANNUS (1991).[22] In diesen

---

liche Brüderlichkeit, München 1960; ders., Prinzipien christlicher Moral, Einsiedeln 1975.

[21] Vgl. z. B. Ratzinger, G., Geschichte der kirchlichen Armenpflege, Freiburg ²1884; Beeking, J. Die Nächstenliebe nach der Lehre der heiligen Schrift, Düsseldorf 1930; Hemmerle, K. (Hg.), Liebe verwandelt die Welt. Mainz 1979; Järveläinen, M., Gemeinschaft in der Liebe: Diakonie als Lebens- und Wesensäußerung der Kirche im Verständnis Paul Philippis (Diakoniewissenschaftliche Studien. Bd.1) Heidelberg 1993; Mitscherlich, M., Caritas als Wesensdimension und Grundfunktion der Kirche. Erfurter Theologische Schriften Nr. 24, Leipzig 1997; Pompey, Heinrich (Hg.), Caritas – Das menschliche Gesicht des Glaubens: ökumenische und internationale Anstöße einer Diakonietheologie, Reihe „Studien zur Theologie und Praxis der Caritas und Sozialen Pastoral", Bd. 10, Würzburg 1997; Päpstlicher Rat COR UNUM (Hg.), Acts of the World, a.a.O. 1999; Lazewski, u.a., a.a.O. 2000; Kießling, K., „Love greets you"– on the culture of deacony. (Publications of the Department of Practical Theology 93) Helsinki 1998; ders., Theologie der Caritas – Unterwegs zu einer Diakonischen Kultur, in: Götzelmann, A. (Hg.), Einführung in die Theologie der Diakonie, Heidelberg 1999, 184–206; Zimmer, M., Mit Gottes Hilfe – Caritatives Engagement aus der Kraft des Glaubens, in: Horn, J-Ch., Pompey, H. (Hg.), „Die Liebe Christi drängt uns", Bd. 1, a.a.O. 2006, 34–58 und viele andere.

[22] Die im Blick auf eine Soziale Pastoral durch die Enzykliken Pauls VI., Evangelii nuntiandi, Rom 1975, Johannes Pauls II., Redemptor hominis,

lehramtlichen Dokumenten findet die mikrosystemisch ausgerichtete caritative Diakonie im Sinne der *Barmherzigkeit* zwar eine erste, aber doch nur bescheidene Erwähnung. Die Barmherzigkeitsdiakonie nimmt lediglich eine komplementäre Funktion zur *Gerechtigkeits-Diakonie* wahr.[23] Die Praxis der caritativen Barmherzigkeit – innerhalb einer noch so gerechten Gesellschaft – wird von Benedikt XVI. theologisch wie praktisch als außerordentlich „not"-wendig im Blick auf die leidenden Menschen herausgestellt.

Um das zu verdeutlichen, geht Benedikt XVI. in der Enzyklika auf die überlieferte soziale Lehrverkündigung ein und zeigt ihre bleibende Relevanz für die gerechte Gestaltung des menschlichen Lebens auf. Insbesondere erinnert er an die Irrwege des Marxismus und die verhängnisvolle Methode der *marxistischen Gesellschaftsanalyse* (DCE 26, 31b) und der damit verbundenen Theorie der Gesellschaftsveränderung. Die Utopie wie Inhumanität der marxistischen Vorstellungen einer not- und leidfreien Gesellschaft werden durch ihn verdeutlicht. Die *Gerechtigkeits-Diakonie und die Barmherzigkeits-Diakonie* sind zwei miteinander verbundene Dienste der Kirche zum Wohl der Menschen, wobei die Gerechtigkeits-Diakonie zum Weltdienst der Christen gehört, während die Barmherzigkeits-Diakonie darüber hinaus ein Wesenselement des Heilsdienstes der Kirche ist (DCE 29).

Im Rahmen seiner Gesellschaftsanalyse weist der Papst auf die Gefahren heutiger Lebensorientierungen hin: z. B. die hedonistisch-egoistischen Lebenseinstellungen, das rein markt-orientierte Denken und das ökonomische Berechnen menschlicher Beziehungen etc. (vgl. DCE 2, 5, 6). Er verurteilt nicht, stellt den gängigen Lebensentwürfen jedoch die caritative Lebensausrichtung als zentrales Korrektiv gegenüber bzw. als notwendig zur Seite.

Rom 1979, Johannes Paul II., Dives misericordiae, Rom 1980 ergänzt wurden.

[23] Vgl. Glatzel N., Pompey H. (Hg.), Barmherzigkeit oder Gerechtigkeit? Zum Spannungsfeld von christlicher Sozialarbeit und christlicher Soziallehre, Freiburg 1991.

c. Im *Vergleich zu* den beiden kirchlichen *Grunddiensten: Wortverkündigung und Liturgie* fand die *caritative
Diakonie* der Kirche auch nach dem II. Vatikanischen
Konzil nur *eine bescheidene offizielle, lehramtliche Erwähnung.* Systematisch-theologisch wurde der caritative Dienst – wenn überhaupt – lediglich als Randthema
behandelt. Trotz caritastheologischer und caritasprakti-
scher Hinweise des II. Vatikanischen Konzils z. B. in der
Dogmatischen Konstitution über die Kirche und in der
Pastoralen Konstitution über die Kirche in der Welt wie
im *Dekret über das Laienapostolat*[24] finden sich im *Katechismus der Katholischen Kirche* von 2005[25] die Begriffe
Diakonie oder Caritas nicht. Die Barmherzigkeit Gottes
wird allein im Blick auf die Vergebung der Sünden an-
geführt. Als göttliches Gebot ist die Nächstenliebe zwar
an verschiedenen Stellen genannt; sie wird aber nicht in
Richtung auf die heilende und helfende Caritas i. S. der
liebenden Zuwendung Gottes zu den Leidenden und als
zentraler Dienst der Kirche dargelegt.[26] Nur die Passagen
zum Krankensakrament erwähnen die caritative Pflege
der Kranken (Nr. 315). Die caritative Sorge für die Armen findet sich in den Ausführungen zum 7. Gebot: *Du
sollst nicht stehlen* (Nr. 520).
Ebenso findet im nachkonziliaren *Kirchenrecht* von
1983[27] die caritative Diakonie der Kirche nur viermal eine namentliche Erwähnung. Demgegenüber enthält das
neue Kirchenrecht je ein eigenes Buch (Nr. III) zum Ver-
kündigungsdienst sowie ein eigenes Buch (Nr. IV) zum
Heiligungsdienst, d. h. der Liturgie. Auch im klassischen
– in über 40 Auflagen erschienenen – *Enchiridion Symbolorum Definitionum et Declarationum de rebus fidei et*

---

[24] Vgl. Völkl, R., Kirche und „Caritas" nach den Dokumenten des
Zweiten Vatikanischen Konzils, in: Caritas 67 (1966) 73–96; 123–145.
[25] Vgl. Index des Kompendiums des Katechismus der Katholischen
Kirche (Hg. Deutsche Bischofskonferenz), München 2005.
[26] Nur im Katechismus der Katholischen Kirche, München, Wien 1993
findet sich in der Abhandlung über die Tugenden (Nr. 1829) ein Bezug
zur Liebe als Wohltätigkeit.
[27] Vgl. Index des Codex Juris Canonici, Rom 1983, dt. Kevelaer 1983.

morum[28] von H. Denzinger sucht man vergeblich nach lehramtlichen Darlegungen zur caritativen Diakonie der Kirche. Im neuen *Kompendium der Soziallehre der Kirche* des Päpstlichen Rates JUSTITIA ET PAX von 2004 erhält die caritative Diakonie eine – wenn auch bescheidene – Erwähnung. Zumindest werden die helfende Barmherzigkeit viermal, die Brüderlichkeit elfmal und die Zivilisation der Liebe dreimal thematisiert. Doch als eigenständige Fachbegriffe tauchen Caritas und Diakonie nicht auf.[29] So konnte sich Benedikt XVI. nur auf ein neueres, kirchenamtliches Dokument, das *Direktorium für den pastoralen Dienst der Bischöfe* von 2004 (DCE 32) beziehen, das die Verantwortlichkeit des Amtes für die caritative Diakonie herausstellt.

d. Diese Reflexionsabstinenz bezüglich einer Theologie der caritativen Diakonie – durch die amtliche Kirche – ist verwunderlich, zumal die katholische Kirche weltweit ebenso viele Personen im sozial-diakonischen Feld engagiert wie in ihren Liturgie- und Verkündigungsdiensten. Nur die deutsche katholische Kirche hat 1999 ein unbestritten qualifiziertes caritastheologisches Grundlagenpapier erstellt.[30] Die Zurückhaltung der Universalkirche mag möglicherweise Benedikt XVI. mitbewogen haben, durch eine Enzyklika die in der Theologiegeschichte und seit dem Konzil lehramtlich wenig bedachte Dimension kirchlich-caritativen Handelns deutlicher in den Blick der Weltkirche zu rücken und der caritativen Diakonie ihre theologischen Quellen zu erschließen, damit der caritastheologische Glaube caritative Früchte hervorbringt.

---

[28] Vgl. *Enchiridion Symbolorum Definitionum et Declarationum de rebus fidei et morum*, Denzinger, H. (Hg.), Freiburg ³⁶1976, Index.

[29] Vgl. Päpstlicher Rat für Gerechtigkeit und Frieden (Hg.), Kompendium der Soziallehre der Kirche, Freiburg 2006, Stichwortverzeichnis.

[30] Vgl. Die deutschen Bischöfe – Kommission für caritative Fragen, Caritas als Lebensvollzug der Kirche und als verbandliches Engagement in Kirche und Gesellschaft. v. 23. 09. 1999.

So sind vermutlich neben dem spezifischen theologischen Denkansatz des Theologen Ratzinger[31], der zielgerade in die Enzyklika einmündet, und der gesellschaftlichen Notwendigkeit einer Revitalisierung der Liebe für das gelingende Miteinander der Menschen auch das Reflexionsdefizit bzgl. einer caritativ-theologischen Prägung der Kirche Hauptgründe für die Entstehung der Enzyklika, zumal Johannes Paul II. dieses Anliegen bereits als notwendig erkannt hatte.

1.3 Der Kairos der Enzyklika

Benedikt XVI. formuliert die Enzyklika in einer global-gesellschaftlichen und kirchlichen Situation, die als *Kairos für seine caritastheologische Botschaft* bezeichnet werden kann. Der Papst erkennt die Zeichen der Zeit in einer zunehmend lieb-los werdenden Welt und beantwortet die Herausforderungen gegenwärtiger Inhumanität im Lichte des Evangeliums, so wie es die pastorale Konstitution „*Gaudium et spes*"[32] des II. Vatikanischen Konzils vor 40 Jahren optierte.[33]

a. Gegenwärtig erleben die Menschen Religion als fundamentalistische Verengung des Miteinanders und als Bedrohung des Friedens. Im Namen Gottes bilden sich terroristische Gemeinschaften, töten Selbstmordattentäter friedliche Menschen, werden Völker und Volksgruppen bedroht. Religion erscheint als sozial-destruktive Energie. Heute wird, so der Papst, „mit dem Namen Gottes bisweilen die Rache oder gar die Pflicht zu Hass und Ge-

---

[31] Vgl. Hoping, H., Tück, J.-H., Die anstößige Wahrheit des Glaubens – das theologische Profil Joseph Ratzingers, Freiburg 2005.

[32] Vgl. II. Vatikanisches Konzil, Pastorale Konstitution über die Kirche in der Welt von heute, Freiburg 1968, n. 11.

[33] Vgl. Pompey, H., Die Diakonie der Freude und Hoffnung in einer pluralen Zukunft – Anregungen der Pastoralkonstitution über die Kirche in der Welt von heute: „Gaudium et spes" des II. Vatikanums, in: Theologie und Glaube 97 (2007) H. 2.

walt verbunden" (DCE 1). Demgegenüber zeigt er, wie wahre Religion die Liebe Gottes verkündet und praktisch bezeugt. Die christliche Religion – als eine der Vernunft verpflichtete Religion – weist jedweden irrationalen Fundamentalismus zurück. Aus diesem Grund argumentiert der Papst „von der Vernunft und vom Naturrecht her, das heißt von dem aus, was allen Menschen wesensgemäß ist" (DCE 28a), um so alle Menschen guten Willens zu erreichen und sie vom Reichtum des Menschlichen und der Weisheit des christlichen Glaubens zu überzeugen.[34] Darum bedient sich Benedikt XVI. ganz im Sinne seines eigenen Theologieverständnisses einer Argumentation mit Hilfe der menschlichen Vernunft[35] – z. B. in der Enzyklika durch Rückgriff auf die Philosophen (Aristoteles, Platon, Descartes, Marx, Nietzsche) und die Literaten (Vergil, Sallust sowie Dante in der Kommentierung der Enzyklika) – um einerseits die Aussagen des Glaubens kritisch zu hinterfragen und andererseits den Glauben plausibel zu begründen. Den Glauben selbst nutzt er, um die Lebenswirklichkeiten der Menschen im Blick auf das Humanum zu durchleuchten. Vernunft und Religion dienen so der gegenseitigen Reinigung und Heilung.[36]

b. Auch heute fragt die *leidende Menschheit* – wie zu allen Zeiten –, worin der Mehrwert, die besondere Qualität bzw. das spezifische Profil des Helfens der Christen im Vergleich zu anderen Organisationen der Solidarität und des Helfens bestehen und wie diese erkennbar und erfahrbar sind. Es reicht nicht, wenn die caritative Diakonie der Kirche nur ein Gesundheits- und Wohlfahrtsdienstleistungsangebot neben den vielen anderen bereithält,

---

[34] Vgl. hierzu die grundlegenden Ausführungen von Roos, L., Liebe und Gerechtigkeit – Die Enzyklika Benedikts XVI.: über Caritas und Soziallehre, in: Die neue Ordnung 60 (2006) 84–95, 88ff.
[35] Vgl. auch seine Vorlesung an der Regensburger Universität im September 2006.
[36] Vgl. Vorpolitische moralische Grundlagen eines freiheitlichen Staates – Stellungnahme Joseph Kardinal Ratzinger, in: Zur Debatte 35 (2005) IV–VI.

also parallel zu den Diensten der anderen NGOs bzw. NPOs auf diesem Gebiet Hilfen anbietet. Die Kirche hat den Menschen die besondere Lebens-Kraft des christlichen Glaubens, den Helfenden wie den Leidenden, zu vermitteln. Sie hat zu zeigen, welche Lebensweisheit die caritative Diakonie in ausweglosen Situationen den Menschen erschließen kann. Auch die *nicht-christlichen Mitanbieter* von Sozial- und Gesundheitsdiensten fragen, was die besondere Qualität des caritativen Engagements der Kirche ausmache und worin konkret der besondere Wert der kirchlichen Diakonie bestehe. Allein dank des theologischen Spezifikums der caritativen Diakonie gewährt der deutsche Staat den Kirchen das Privileg, sozial und arbeitsrechtlich einen dritten Weg zu praktizieren, so wie es in keinem anderen europäischen Land der Fall ist.[37] Konkurrierende Mitanbieter sozialer Dienstleistungen wie auch andere Gruppierungen, z. B. politischer Art, befürchten, dass es der Kirche bei ihrem sozialen Einsatz vorrangig um einen gesellschaftlichen Einfluss gehe, d. h. im Staat ein politischer Machtfaktor zu sein.[38] Wieder andere fragen, ob sich die Kirche mit Hilfe ihrer sozialen Wohlfahrtsdienste und Gesundheitseinrichtungen die öffentliche Zustimmung ihrer Steuern zahlenden Mitglieder sichern wolle[39] oder ob sie auf diese Weise neue Mitglieder rekrutieren möchte? Solche Anfragen und Vermutungen finden durch die Enzyklika eine überzeugende Korrektur. Benedikt XVI. legt die wahre Absicht und den tiefen Sinn der caritativen Diakonie der Kirche dar.

---

[37] Vgl. Rauscher, A., Verhältnis von Staat und Kirchlicher Caritas – Subsidiarität als Laienprinzip, in: Glatzel, N./Pompey, H. (Hg.), Barmherzigkeit oder Gerechtigkeit? Zum Spannungsfeld von christlicher Sozialarbeit und christlicher Soziallehre, Freiburg 1991, 84–98, 84ff.

[38] Erinnert sei an die großen Ängste mancher Länderregierungen wie z. B. Spanien oder Tschechien, den Einfluss der Kirchen, insbesondere ihres professionellen caritativen Engagements, zu begrenzen oder gar nicht zuzulassen.

[39] Vgl. die Forsa-Umfrage: *Würden Sie aus der Kirche austreten, wenn nichts mehr von der Kirchensteuer für karitative Zwecke verwandt würde?* (vgl. Kirche und Leben v. 22. 01. 2006, 12) 46 % der Erwachsenen und 61 % der 14–29-Jährigen würden diese Konsequenz ziehen.

c. Die vom Papst vorgelegten theologischen Reflexionen zur caritativen Diakonie der Kirche besitzen eine große Dringlichkeit. Seit den 70er und 80er Jahren wurde von den Adepten der Frankfurter Schule eine kirchlich-spirituelle Prägung caritativ-diakonischer Dienste energisch zurückgewiesen und eine Anthropozentrik favorisiert.[40] Gegen diese Tendenzen wird Gott in der Enzyklika wieder zur grundlegenden „Wirk"-lichkeit des Erkennens und Handelns des Menschen und insbesondere der Kirche. Vernunft und Glaube sind Erkenntnisquellen und normativ handlungsleitend. Die von Theologen aus dem Kontext der Frankfurter Schule propagierte autonome, im sog. demokratischen Diskurs zu entwickelnde horizontale Grundlegung und Ausrichtung des sozialen Helfens – die die deutsche Verbandscaritas der 80er und 90er Jahre bestimmte – wird durch die Enzyklika wieder offen für die Vertikalität, d.h. für eine theo-logische Inspiration der caritativen Praxis der Kirche. Die basisdemokratisch-anthropozentrische Theologie wird wieder durch eine christokratisch-theozentrische Theologie ersetzt.[41] Ebenso wird die struktur-reformerische Horizontalität des pastoralen wie caritativen Handelns – die ebenfalls aus dem Geist der Kultur- und Strukturrevolution der 70er und 80er Jahre hervorging – durch die spirituelle Vertikalität der Enzyklika wieder ins rechte Lot gebracht. So bietet die Enzyklika denjenigen, die einen neuen Aufbruch der deutschen Kirche aus dem religiös wenig dynamischen *Christentum Deutschlands* erhoffen, visionäre, energetisierende Perspektiven.

---

[40] Vgl. Nolte, M., Ein Christ ist einfach anders dran. Wohin steuert die Caritas? in: Rheinischer Merkur Nr. 4, v. 27. 01. 1995, 23; Vgl. ferner Zerfass, R., Das Proprium der Caritas als Herausforderung an die Träger, in: Caritas Jahrbuch 1993 (1992) 27–40 versus Pompey, H., „Dienstgemeinschaft" unter dem Anspruch des Glaubens und des Sendungsauftrags der Kirche, in: Feldhoff, N., Dünner, A. (Hg.), Die verbandliche Caritas, Freiburg 1991, 81–119.

[41] Wie es im ältesten Christus-Hymnus im Philipperbrief heißt, ist nicht die Kirche, nicht das Kirchenvolk, sondern allein „Jesus Christus der Herr" Phil 2,5–11.

Die seit einigen Jahren in der Verbandscaritas wie in der Kirche durchgeführten Organisationsentwicklungsprozesse (OE) und Qualitätsmanagementprozesse (QM) machen deutlich, dass die unbestritten notwendigen Veränderungsprozesse – die Kirche verstand sich selbst immer als *ecclesia semper reformanda* – eine visionäre und damit spirituelle Dynamik erhalten müssen. Wenn ein Qualitätsmanagement eine qualifizierte Zielerreichung wünscht, müssen eine klare Unternehmensphilosophie und ein daraus resultierendes Leitbild vorliegen. So wurde dank betriebswirtschaftlicher Grundforderungen die chaotischen strukturrevolutionären Aktivitäten in caritativen wie pastoralen Organisationen, Einrichtungen und Diensten bereits in den letzten Jahren gedämpft und die inhaltliche Frage nach den Zielen gestellt. In diesem Sinne liefert der Papst mit seiner Enzyklika die erforderlichen Grundlagen für eine inhaltliche Qualifizierung der gemeindlichen Caritas wie der caritativen Fachdienste und Facheinrichtungen für eine Organisationsentwicklung (OE) und für ein Qualitätsmanagement (QM). Außerdem spüren immer mehr hauptamtliche und ehrenamtliche Mitarbeiter, dass sie – angesichts der gegenwärtigen ökonomischen und zeitlichen Zwänge – in ihrer Zuwendung zu leidenden Menschen starke Kraftressourcen wie klare Sinnorientierung benötigen, um in ihrem pastoralen und caritativen Engagement nicht zu kollabieren. Auch diese Kraft und Weisheit der caritativen Theo-logik erschließt Benedikt XVI. aus dem „*Depositum fidei*" der Kirche.

1.4 Adressaten

Der Papst nennt als Hauptadressaten seiner Botschaft zunächst die *Bischöfe* und erinnert sehr ausdrücklich an das ihnen durch Weihe übertragene caritativ-soziale Diakonat. Er verdeutlicht die theo-logische Tiefe des Liebestuns der Kirche und mahnt sie zur Verantwortung dafür, dass die Kirche als Familie Gottes ein Ort der gegenseitigen Hilfe und der Dienstbereitschaft für alle Hilfebedürftigen sein muss (DCE 32). „Der bischöflichen Struktur der Kirche entspricht es, dass … in den Teilkirchen die Bischöfe als Nachfolger der Apostel die erste Verantwortung dafür tragen, dass das Programm der Apostelgeschichte (vgl. 2,42–44) auch heute realisiert wird … Bei der Bischofsweihe gehen dem eigentlichen Weiheakt Fragen an den Kandidaten voraus, in denen die wesentlichen Elemente seines Dienstes angesprochen und ihm die Pflichten seines zukünftigen Amtes vorgestellt werden. In diesem Zusammenhang verspricht der zu Weihende ausdrücklich, ‚um des Herrn willen den Armen und den Heimatlosen und allen Notleidenden gütig zu begegnen und zu ihnen barmherzig zu sein‘" (DCE 32), so formuliert im Direktorium „*Apostolorum Successores*" der Kongregation für die Bischöfe (Rom 2004).[42]

Zwar spricht der Papst die *Priester und Diakone* als Adressaten deutlich an, in seinen Ausführungen werden Priester und ständige Diakone jedoch nicht mehr eigens genannt. Vielleicht hat dies seinen Grund darin, dass die sozial-caritative Sendung der Kirche kein Weiheamt voraussetzt, sondern durch Taufe und Firmung allen Gläubigen übertragen wird. Auch wenn die Förderung der sozial-caritativen Sendung der Kirche insbesondere durch Diakone nicht eigens in der Enzyklika thematisiert wird, lässt sich dank der päpstlichen Darlegungen trotzdem ein sozial-caritatives Profil des ständigen Diakonats gut ableiten und verstärken,[43] zumal der Papst eigens auf das „*Programm der Apostelgeschichte (vgl. 2,42–44)*", d. h. auf die Aufgaben des Diakons hinweist: „Kirche als

---

[42] In der gleichen Reihung und Aufgabenzuweisung finden sich diese Optionen bereits im *Dekret über die Hirtenaufgabe der Bischöfe in der Kirche* des II. Vatikanischen Konzils v. 28. 10. 1965. Die verschiedenen Formen des Apostolates, so die Caritas und die sozialen Fragen, sollen unter der Leitung des Bischofs gefördert werden. Es wird an die Pflicht der Gläubigen appelliert, die sozialen Zielsetzungen zu verwirklichen und Werke der Caritas zu üben. Ebd. Nr. 17.

[43] Vgl. Jäggi, M., Das erneuerte Diakonat – Wozu solch ein Amt? In: Horn, J.-Ch., Pompey, H. (Hg.), „Die Liebe Christi drängt uns" Bd. 2, a.a.O. 2006, 55–85.

Familie Gottes muss heute wie gestern ein Ort der gegenseitigen Hilfe sein und zugleich ein Ort der Dienstbereitschaft für alle der Hilfe Bedürftigen, auch wenn diese nicht zur Kirche gehören" (DCE 32).

Vor den Augen des Heiligen Vaters steht – so ist der Überschrift zur Enzyklika zu entnehmen – bei der Abfassung seiner Gedanken vor allem die große *Schar aller „Christgläubigen"*, d. h. nicht nur der Katholiken, die ehrenamtlich – als *caritativ engagierte Gläubige* neben ihren beruflichen und familiären Verpflichtungen – liebevoll Armen, Kranken und Bedrängten jeder Art beistehen, sei es im Lebensraum der Familie, in der Nachbarschaft, in den Elendsvierteln ihrer Städte oder in Katastrophengebieten. Ihre helfende Liebe gilt es, aus der Kraft und Weisheit des christlichen Glaubens zu bestärken und zu inspirieren, seien sie als Einzelne, als Gruppen oder im Rahmen einer sozial-caritativen Gemeindeaktion tätig. Man kann davon ausgehen, dass von den 2 *Milliarden Christgläubigen* mehr als die Hälfte in irgendeiner Weise freiwillig im caritativ-diakonischen Einsatz ist. Ihren *geistlichen und sozialpädagogischen Animateuren* und Fachbegleitern möchte der Papst die Theo-logik und Ekklesio-logik der caritativen Diakonie erschließen, damit diese den freiwilligen Helfern und Helferinnen die Sinn- und Wertoptionen ihres Einsatzes besser verdeutlichen können. Alle Christen sind somit neben den Verantwortlichen der Kirche Hauptadressaten der Enzyklika.

1.5 Die Pädagogik der Botschaft

a. Die Pädagogik der Enzyklika gründet auf der für die Theologie Benedikt XVI. typischen *Verbundenheit von Glaube und Vernunft*. Die aus dem Lebenswissen der abendländischen Menschheit rational aufgewiesene natürliche Plausibilität der Botschaft der Liebe bildet die Basis für die Lebensbotschaft der offenbarten theo-logischen Grundlagen der Liebe. Bevor der Papst für die heilende und helfende Caritas relevante Handlungsaspekte im zweiten Teil der Enzyklika benennt, legt er im ersten Teil grundlegende Einsichten in die Anthropo-logik und Theo-logik der Caritas dar.

Ausgehend von der Einheit der *Liebe in Schöpfung und Heilsgeschichte* reflektiert das Lehrschreiben zunächst die philosophisch-anthropologischen Verstehensgrundlagen von Eros und Agape (DCE 2–5). Es folgt die biblisch begründete Theo-logik der Caritas (DCE 6–8), d. h. der Grunddynamik der Liebe für die Entstehung der Welt und die Erschaffung des Menschen (DCE 9–11) sowie für die Erlösung des Menschen (DCE 12–15). Der erste Teil beschreibt somit den Weg und die Entfaltung der Liebe Gottes zu den Menschen und das Versagen der Menschen, um die innere Verbundenheit von Gottes- und Nächstenliebe zu begründen (DCE 16–18). Im zweiten Teil wendet sich Benedikt XVI. – mit einer kurzen Andeutung der trinitarischen „Wirk"-lichkeit der Caritas (DCE 19) – der praktischen Würdigung der caritativen Existenz des Menschen zu, sei es im Blick auf die caritative Kultur des menschlichen Miteinanders, des caritativen Helfens und der sozialen Verantwortung. Er erklärt auf diese Weise den Weg der Liebe Gottes durch Menschen für Menschen, d.h. die Teilhabe der Menschen an der „Diaconia caritatis Dei". Hier liegt der Grund für den hohen Anspruch an die caritative Diakonie des Menschen.

b. *„Agere sequitur esse"*, d.h das Handeln folgt aus dem Sein. Mit diesem scholastischen Grundsatz lässt sich die Pädagogik der Enzyklika ebenfalls gut verdeutlichen. Christo-logisches Handeln erwächst aus dem anthropologischen, christlichen Sein. Folglich wird vom Papst zunächst die caritative Bestimmung des Menschen entfaltet und theo-logisch begründet. Das in Gott gründende caritative Sein des Menschen ist somit Brennpunkt seiner theologisch-spirituellen Reflexionen. Mit dem Einleitungssatz hebt der Papst markierend hervor: „Gott ist die Liebe, und wer in der Liebe bleibt, der bleibt in Gott und Gott in ihm" (DCE 1). Wenn nun Gott die Liebe ist und die Menschen nach seinem caritativen Bild geschaffen sind (Gen 1,26), dann verwirklichen die Menschen ihre *Gottebenbildlichkeit durch die Entfaltung ihrer Liebe* (DCE 39). Aus dieser gottebenbildlichen Seinsweise des Menschen leitet sich folglich das Handeln des Menschen fundamental ab. Der Papst verdeutlicht auf diese Weise das in Gott gründende und von Gott gewollte caritative Sein des Menschen als die entscheidende Quelle des caritativen Handelns des Einzelnen wie auch der Kirche. Die caritative „Wirk"-lichkeit Gottes findet im christlichen Menschsein ihren Niederschlag und bestimmt das praxisleitende Menschenbild der Kirche (DCE 11). Das caritative Begabtsein des Menschen drückt sich am stärksten im caritativen Handeln aus.

Um das zu verstärken, hebt der Papst hervor, dass die *Liebe zu Gott und die Liebe zu den Menschen eine Wirkeinheit* darstellen (DCE 16). Sie lassen sich nicht voneinander trennen. „Wenn jemand sagt: ‚Ich liebe Gott‘, aber seinen Bruder hasst, ist er ein Lügner. Denn wer seinen Bruder nicht liebt, den er sieht, kann Gott nicht *lieben*, den er nicht sieht" (1 Joh 4,20). „Unterstrichen wird die unlösliche Verschränkung von Gottes- und Nächstenliebe. Beide gehören so zusammen, dass die Behauptung der Gottesliebe zur Lüge wird, wenn der Mensch sich dem Nächsten verschließt oder gar ihn hasst" (DCE 16). Gottes- und Nächstenliebe stehen nicht in einem einfachen Ursache-Folge-Verhältnis zueinander, sondern sind wechselseitige aufeinander verwiesen.[44] Das zu verdeutlichen ist ein zentrales Anliegen der Enzyklika.

c. Die praktisch-pädagogische Relevanz der Enzyklika lässt sich ebenfalls mit der klassischen Unterscheidung von *„intentio"* und *„actio"* beschreiben. Die „intentio" bestimmt die Qualität der „actio". Psychologisch formu-

---

[44] Vgl. Nothelle-Wildfeuer, U., Grundvollzüge christlichen Glaubens: Gerechtigkeit und Liebe, in: News – Caritas-Mitteilungen für die Erzdiözese Freiburg (2006) Nr. 3, 6–8, 6.

liert heißt das: Das Verhalten (behavior) der Menschen wird durch die Einstellungen (attitudes) des Menschen qualitativ geprägt.[45] Die theo-logisch caritative Intentionalität des Christseins verleiht dem sozialen und pflegerischen Helfen einen caritativ christo-logischen Charakter. In diesem Sinne geht es dem Lehrschreiben nicht um eine sozial-caritative Pragmatik, sondern um den caritativen *Geist der Praxis*, der ihr die spezifische praxisrelevante Qualität verleiht. Schließlich kommt es im sozial-caritativen Handeln der Kirche entscheidend darauf an, wie, d.h. mit welchen Wert- und Sinnoptionen, eine sozialpädagogische oder psychologische Handlungsmethode und eine pflegerische oder medizinisch-therapeutische Technik oder Behandlungsmaßnahme angewandt wird. Die *Qualität einer Hilfe* oder einer Heilung hängt entscheidend vom Geist der Handelnden – die heutigen Qualitätsfachleute sagen: von der Unternehmensphilosophie der Einrichtung oder eines Dienstes – ab. Diese Qualifizierung hat der Papst im Blick. Er beschreibt folglich nicht die Betriebsorganisation kirchlicher Caritas, er operationalisiert nicht einzelne sozial helfende Handlungsabläufe – auch wenn er den zentralen Stellenwert des organisierten Liebestuns für die Kirche deutlich hervorhebt (DCE 29) – und er verfasst kein Handbuch und keine Grundordnung für die christliche Sozialarbeit der Kirche. Wer das erwartet, wird enttäuscht sein. Der Papst würde damit seine Kompetenzen überschreiten. Das ist Aufgabe der caritaswissenschaftlichen Fachvertreter, ihrer KollegInnen an den entsprechenden sozial-pädagogischen oder pflegewissenschaftlichen Hochschulen der Kirche sowie des Managements der organisierten Caritas.

Die Enzyklika versucht – ausgehend von der Empirie und Phänomenologie der Lebens-„Wirk"-lichkeiten – Plausibilitäten für den Mitvollzug ihrer Gedanken herzustellen und bemüht nicht die – inzwischen postmoderne – dis-

---

[45] Vgl. Einstellungspsychologie, in: Forgas, J. P., Soziale Interaktion und Kommunikation. Eine Einführung in die Sozialpsychologie, Weinheim 2001[5]; ebs. Bierhoff, H. W., M. J. Herner (2002), Begriffswörterbuch Sozialpsychologie, Stuttgart 1999.

kurs-ethische oder dialektische Pädagogik. Die Menschen halten wieder Ausschau nach Lebenserfahrungen der Menschheitsgeschichte, um Wert- und Sinn-Orientierung für ihre Lebensgestaltung zu finden, auch wenn dies einigen katholischen Sozialethikern nicht passt.[46] Die anthropozentrische Sicht des Menschen und der Welt in Theologie[47] und Pastoral wird durch eine theozentrische Sicht des Menschen und der Welt deutlich korrigiert.

---

[46] Vgl. KNA-ID Nr. 10 / 8.03. 2006, Theologen zur Enzyklika: „Gewisse Schieflage" I/217.
[47] Vgl. Metz, J. B., Christliche Anthropozentrik, München 1962.

2. Teil
Aufbau und Inhalt der Enzyklika
Zentrale Aussagen der einzelnen
Abschnitte der Enzyklika

Um den Gesamtduktus der caritastheologischen Argumentation der Enzyklika besser zu verstehen, seien kurz der Aufbau und die Folge der zentralen Inhalte der Enzyklika beschrieben.

2.1 Die Einheit der Liebe in Schöpfung und Heilsgeschichte (I. Teil)

Die Enzyklika beginnt im *ersten Teil* mit dem caritativen Wesensverständnis Gottes in Anlehnung an die johanneische Theologie des Neuen Testamentes, die in dem Leitsatz *„Deus caritas est"* (1 Joh 4,8) kulminiert. Das Verständnis Gottes begründet der Papst mit dem alttestamentlichen Gottesverständnis, das bereits zur Gottesliebe und Nächstenliebe auffordert. Diese beiden Hauptgebote wurden von Jesus miteinander verbunden.

2.1.1 „Eros" und „Agape" – Unterschiede und Einheit

In den ersten Abschnitten erschließt der Papst zunächst die Verstehensquellen der Caritas und untersucht die philosophiegeschichtlichen und sprachlichen Wurzeln des Verständnisses von verschiedenen Caritasbegriffen. Zur Erklärung der ganzheitlichen „Wirk"-lichkeit der Liebe bezieht er sich auf die biblisch überlieferte Trias: *Eros, Philia und Agape* und löst dadurch die Trennung von Eros und Agape auf.

2.1.2 Das Neue des biblischen Glaubens

Der Eros der elementaren ehelichen Verbundenheit von Mann und Frau dient dem Papst als Verstehenshilfe für die caritative Zuwendung Gottes zum Menschen. Zur Begründung zitiert der Papst das alttestamentliche Hohe Lied der Liebe (DCE 6) und die Propheten Hosea und Ezechiel, die die „Leidenschaft Gottes für sein Volk mit kühnen erotischen Bildern" beschreiben (DCE 9). „Das philosophisch und religionsgeschichtlich Bemerkenswerte an dieser Sicht der Bibel besteht darin, dass wir einerseits sozusagen ein streng metaphysisches Gottesbild vor uns haben: Gott ist der Urquell allen Seins überhaupt; aber dieser schöpferische Ursprung aller Dinge – der Logos, die Urvernunft – ist zugleich ein Liebender mit der ganzen Leidenschaft wirklicher Liebe. Damit ist der Eros aufs Höchste geadelt, aber zugleich so gereinigt, dass er mit der Agape verschmilzt" *(DCE 10).*

Die Dynamik des göttlichen Eros ist Ursprung der treuegeleiteten Beziehung Gottes zu seinem Volk (DCE 11). Der Eros Gottes wird so als Lebensquelle für das freudvolle wie für das leidvolle Miteinander der Menschen erschlossen: Die „Art, wie Gott liebt, wird zum Maßstab menschlicher Liebe. Diese feste Verknüpfung von Eros und Ehe in der Bibel findet kaum Parallelen in der außerbiblischen Literatur" *(DCE 11).*

2.1.3 Jesus Christus – die fleischgewordene Liebe Gottes

Die Enzyklika erinnert an den Realismus der Menschwerdung Gottes in Jesus Christus, d. h. der fleischgewordenen Liebe Gottes, und verweist auf den Realismus des Christseins und der Liebe des Menschen. „Das eigentlich Neue des Neuen Testaments sind nicht neue Ideen, sondern die Gestalt Christi selber, der den Gedanken Fleisch und Blut, einen unerhörten Realismus gibt" (DCE 12). Christentum ist keine Idee, sondern eine Realität. Sie gründet im konkreten Handeln Jesu, in der bitteren Realität seines Leidens und Sterbens (DCE 12) und in der realen Präsenz der fortdauernden Hingabe Jesu in der

Eucharistie (DCE 13). Durch die Teilnahme an der Eucharistiefeier empfangen wir „nicht nur statisch den inkarnierten Logos, sondern werden in die Dynamik seiner Hingabe hineingenommen" (DCE 13). Dieses ist kein individuelles Geschehen, sondern ein communiales, ein gemeinschaftliches. Selbst „die ‚Mystik' des Sakraments hat sozialen Charakter. Denn in der Kommunion werde ich mit dem Herrn vereint wie alle anderen Kommunikanten" (DCE 14). Damit wird der religiöse Individualismus aufgebrochen und erhält eine communiale Prägung: „Ich kann Christus nicht allein für mich haben, ich kann ihm zugehören nur in der Gemeinschaft mit allen, die die Seinigen geworden sind oder werden sollen. Die Kommunion zieht mich aus mir heraus zu ihm hin und damit zugleich in die Einheit mit allen Christen" (DCE 14). Der communiale Charakter des christlichen Glaubens und Lebens wird bereits vom II. Vatikanischen Konzil herausgestellt: „Gott hat es aber gefallen, die Menschen nicht einzeln, unabhängig von aller wechselseitigen Verbindung, zu heiligen und zu retten, sondern sie zu einem Volke zu machen."[48] Konkretion und Communialität werden zu Kriterien christlichen Handelns aus dem Glauben. „Der Begriff der Nächstenliebe wird universalisiert und bleibt doch konkret" (DCE 15).[49]

2.1.4 Gottes- und Nächstenliebe

Der Papst unterstreicht „die unlösliche Verschränkung von Gottes- und Nächstenliebe. Beide gehören so zusammen, dass die Behauptung der Gottesliebe zur Lüge wird, wenn der Mensch sich dem Nächsten verschließt oder gar ihn hasst. Man muss diesen johanneischen Vers

---

[48] II. Vatikanisches Konzil, Dogmatische Konstitution über die Kirche „Lumen Gentium" 9.

[49] In den Überlegungen der Enzyklika finden sich Gedanken, wie sie der finnische Theologe M. Järveläinen in seinem Buch „Gemeinschaft in der Liebe" (a.a.O.) und seinen Bezug auf die Abschiedsvorlesung von Paul Philippi „Über die soziale Dimension lutherischer Ekklesiologie" verdeutlicht hat.

vielmehr dahin auslegen, dass die Nächstenliebe ein Weg ist, auch Gott zu begegnen, und dass die Abwendung vom Nächsten auch für Gott blind macht"(DCE 16). Ein Weg des Menschen zu Gott ist der Weg über den Mitmenschen.

Deutlich begründet Benedikt XVI., dass die Begegnung mit Gott im Nächsten analog zur Begegnung Gottes in seinem Wort und im Sakrament zu sehen ist. „Immer neu geht er auf uns zu – durch Menschen, in denen er durchscheint; durch sein Wort, in den Sakramenten, besonders in der Eucharistie"(DCE 17). Schlicht deutet diese Feststellung bereits an: keine christliche Sozialarbeit ohne Beziehung zu Gott und keine Beziehung zu Gott ohne Beziehung zum Menschen. Gelebte Caritas ist Gottes-Erfahrung.

Benedikt XVI. verbindet so im ersten Teil der Enzyklika die Horizontalität der Liebe mit der Vertikalität der Liebe. Die innertrinitarische Liebe Gottes und die Liebe Gottes zu den Menschen werden lebensrelevant vereint. Nicht nur rational, sondern fast mystisch beschreibt er den tiefen, leidenschaftlichen Zusammenhang von Gottes- und Nächstenliebe. „Gottes- und Nächstenliebe sind untrennbar"(DCE 18).

2.2 Caritas – das Liebestun der Kirche als einer „Gemeinschaft der Liebe" (II. Teil)

2.2.1 Das Liebestun der Kirche als Ausdruck der trinitarischen Liebe

Auf der Basis der im ersten Teil entwickelten anthropologischen und theologischen Grundlagen formuliert Benedikt XVI. markant und eindeutig den *Auftrag der Kirche:* „Alles Handeln der Kirche ist Ausdruck einer Liebe, die das ganzheitliche Wohl des Menschen anstrebt: seine Evangelisierung durch das Wort und die Sakramente – ein in seinen geschichtlichen Verwirklichungen oftmals heroisches Unterfangen – und seine Förderung und Entwicklung in den verschiedenen Bereichen menschlichen

Lebens und Wirkens. So ist Liebe der Dienst, den die Kirche entfaltet, um unentwegt auch materiellen Leiden und Nöten der Menschen zu begegnen. Auf diesen Aspekt, auf diesen Liebesdienst möchte ich in diesem zweiten Teil der Enzyklika näher eingehen" (DCE 19). Auch wenn die Überschrift eine Verankerung des Liebestuns der Kirche in der immanenten, innertrinitarischen Liebe benennt, so wird die trinitarische Grundlage des Liebestuns der Kirche nicht nur trinitätsökonomisch, d. h. heilsorientiert als Erlösungsereignis für die Menschen ausgeführt. Die *innertrinitarische Communialität (Gemeinschaft) und Personalität* beschreibt die Enzyklika nur implizit als Urgrund der caritativen „Wirk"-lichkeit Gottes und der caritativen Zuwendung Gottes zum Menschen. Die trinitarische caritative Communialität findet einen erkennbaren, analogen Widerhall in den Ausführungen des Papstes zur caritativen Communialität der Kirche. Für den Theologen Ratzinger lassen sich die communialen Aspekte der innertrinitarischen Liebe unbestritten noch expliziter und dezidierter erschließen. Der Papst möchte aber mit seiner Enzyklika nicht nur Fachtheologen, sondern alle Christgläubigen ansprechen, daher führt er die trinitätstheologischen Aspekte vermutlich nicht differenzierter aus. Eindeutig und beeindruckend sind seine Gedanken zur trinitarischen caritativen Personalität Gottes des Vaters (DCE 1–11) und Schöpfers wie des Sohnes Jesus Christus, des Erlösers im I. Teil (DCE 12–13), sowie im II. Teil (DCE 19ff.) zum Hl. Geist, dem Erhalter der Kirche und Bestärker der Gläubigen, i. S. der Heilsökonomie der Trinität.[50] Die Wirkeinheit von Vater, Sohn und Hl. Geist im Blick auf den Menschen wird in den Ausführungen der Enzyklika somit deutlich.

Es fällt auf, dass der Papst bei seinen Ausführungen zum Heiligen Geist, d. h. zum „Vater der Armen", nicht die Heilig-Geist-Spiritualität der mittelalterlichen Kirche nennt, obschon diese zur Gründung von Heilig-Geist-

---

[50] Vgl. Mate, B., Caritas und Communio, in: Horn, J.-Ch., Pompey, H. (Hg.), „Die Liebe Christi drängt uns" Bd. 1, a.a.O. 2006, 8–33.

Spitälern in ganz Europa erheblich beitrug – eine Gründungsbewegung, die vom Erzhospital zum Heiligen Geist in Rom ausging – und zur Dichtung der Heilig-Geist-Hymnen des Mittelalters führte – die die leitende Spiritualität des caritativen Helfens bis heute formulieren. Vielleicht wird Benedikt XVI. die „Wirk"-lichkeit des Hl. Geistes – ein ähnliches Desiderat der lehramtlichen Verkündigung wie die vorgelegten Vertiefungen der Caritas Gottes – in einer späteren Enzyklika mit der für den Papst typischen Lebensrelevanz behandeln.

2.2.2 Das Liebestun als Auftrag der Kirche

Da die caritative Diakonie nicht nur eine Sache des einzelnen Christen ist, sondern ebenso der Kirche als Ganzer, werden die verschiedenen *Träger der caritativen Diakonie der Kirche* beschrieben: der Einzelne und die Gemeinden, die Teilkirchen und die Universalkirche (DCE 20). Im Blick auf die ersten *Mitarbeiter* der caritativen Gemeinschaft der Kirche wie der caritativen Sorge für Bedürftige verweist der Papst auf die Wahl des Sieben-Männer-Gremiums (DCE 21).

Zur *Unumgänglichkeit des Dienstes der Liebe für die Kirche* stellt Benedikt XVI. heraus: „Die Kirche kann den Liebesdienst so wenig ausfallen lassen wie Sakrament und Wort" (DCE 22). So eindeutig wurde noch nie vom Lehramt der Kirche die *caritative Diakonie als Wesenselement der Kirche* herausgestellt. Der Papst belegt dieses mit der caritativen Tradition der frühen Kirche, so wie sie von Ignatius von Antiochien (+ um 117), Justin dem Martyrer (+ ca. 155), Tertullian (+ nach 220) u. a. bezeugt wird (DCE 22).

Es folgt eine historische Replik auf die Entstehung der *organisierten Einrichtungs-Caritas*, wie sie seit der Mitte des 4. Jahrhunderts von den Mönchsklöstern in Ägypten bekannt ist und von Gregor d. Gr. (+ 604) berichtet wird. Der Papst erinnert an Kaiser Julian (+ 363), der zum Heidentum zurückkehrte und die Kirche dadurch ausbooten wollte, indem er der altrömischen Religion in Analogie zum Christentum die Liebestätigkeit verordnete (DCE 24). Warum in diesem Zusammenhang die frühen Väter des Ostens, Johannes Chrysostomus (349–407) und Basilius d. Gr. (330–379), die die bedeutendsten Inspiratoren der caritativen Theologie und caritativen Praxis der universalen Kirche waren, nicht erwähnt werden, bleibt offen. Auch das Erzhospital zum Heiligen Geist in Rom zwischen Vatikan und Tiber gelegen – gegründet von Ina von Essex im 6. Jahrhundert – wird nicht genannt. Unbestritten ist es sicher nicht Aufgabe einer Enzyklika, die Caritasgeschichte vollständig zu referieren.

Die bedeutsame *Schlussfolgerung* des Papstes lautet im Blick auf die Kirche: „Das Wesen der Kirche drückt sich in einem dreifachen Auftrag aus: Verkündigung von Gottes Wort (kerygma-martyria), Feier der Sakramente (leiturgia), Dienst der Liebe (diakonia). Es sind Aufgaben, die sich gegenseitig bedingen und sich nicht voneinander trennen lassen. Der Liebesdienst ist für die Kirche nicht eine Art Wohlfahrtsaktivität, die man auch anderen überlassen könnte, sondern er gehört zu ihrem Wesen, ist unverzichtbarer Wesensausdruck ihrer selbst" (DCE 25a).

2.2.3 Gerechtigkeit und Liebe

Die folgenden Überlegungen wenden sich der neuzeitlichen Zurückweisung der Liebestätigkeit der Kirche zu, insbesondere der *marxistischen Kritik an der christlichen Barmherzigkeit*. Der Marxismus spricht der Nächstenliebe eine gefährliche kompensatorische Wirkung zu, die zu Lasten der Gerechtigkeit geht bzw. die Existenz ungerechter Lebensbedingungen stützt. Benedikt XVI. macht auf die marxistische Engführung aufmerksam, d.h. auf die utopische Sicht einer gerechten Gesellschaft, die angeblich keiner Liebeswerke bedarf (DCE 26, 27).

In Anlehnung an Augustinus sagt er *zur Gerechtigkeit:* „Ein Staat, der nicht durch Gerechtigkeit definiert wäre, wäre nur eine große Räuberbande" (DCE 28a). Von der wechselseitigen Verwiesenheit von Staat und Kirche

(DCE 28a) ausgehend stellt er heraus, dass die Gerechtigkeitsoptionen eines Staates stets eine kritische Hinterfragung erfordern: Die praktische Vernunft bedarf – angesichts ihrer „ethischen Erblindung durch das Obsiegen des Interesses und der Macht" – einer Reinigung (DCE 28a). Diese diakonische Funktion der Kirche – zur Optimierung der gerechten Verhältnisse – nimmt die Katholische Soziallehre wahr (DCE 28a). Das ist ein wichtiger Aspekt bezüglich der christlichen Sozialverkündigung.

Im Sinne des christlichen Lebensrealismus weist der Papst auf die über die Gerechtigkeitsdiakonie hinausgehende *Notwendigkeit der Barmherzigkeit* i. S. der Liebestätigkeit der Kirche hin: „Liebe – Caritas – wird immer nötig sein, auch in der gerechtesten Gesellschaft. Es gibt keine gerechte Staatsordnung, die den Dienst der Liebe überflüssig machen könnte" (DCE 28b). In dem Zusammenhang zeigt er Utopie und Grenzen des totalen Versorgungsstaates auf (DCE 28b) und stellt konsequent die zivilgesellschaftliche „Not-wendigkeit" der Kirche heraus. Insgesamt weist er die Gerechtigkeitsdiakonie dem Weltdienst der Laien zu und beschreibt die Barmherzigkeitsdiakonie als spezifischen Dienst der Kirche.

2.2.4 Die vielfältigen Strukturen des Dienstes der Liebe im heutigen sozialen Umfeld

Nach der grundsätzlichen Klarstellung des Verhältnisses von Gerechtigkeit und Barmherzigkeit und der je verschiedenen Aufgabenstellungen wie des Zueinanders des Staates und der Kirche geht der Papst sehr konkret auf die vielfältigen Strukturen eines kirchlichen Dienstes der Liebe im heutigen sozialen Umfeld ein (DCE 30). Dazu richtet er seinen Blick auf die soziale Lebenswelt der Menschen, auf die schnelle und weltweite Medieninformation über die Nöte der Menschen (DCE 30a), auf die erfreuliche internationale *Zusammenarbeit von staatlichen und kirchlichen Hilfsaktivitäten* (DCE 30b). Den entsprechenden Initiativen – seien sie christlich oder auch nicht – spricht der Papst in diesem Zusammenhang seine Anerkennung und seinen Dank dafür aus, dass sie dazu beitragen, der Kultur des Todes „eine Kultur des Lebens" entgegenzustellen und sich mit ihrer „Bereitschaft des Sich-Verlierens für den Anderen" zu engagieren (DCE 30).

Im Anschluss an seine Ausführungen zur engen Verbundenheit mit allen, die sich der caritativen Diakonie verpflichtet wissen, insbesondere mit den christlichen Kirchen und Gemeinschaften, verdeutlicht der Papst das spezifische *Profil der kirchlichen Liebestätigkeit* (DCE 31), damit „das kirchliche Liebeshandeln seine Leuchtkraft behält und nicht einfach als eine Variante im gemeinen Wohlfahrtswesen aufgeht"(DCE 31). Als zentrales konstitutives Element des caritativen Dienstes nennt er als Erstes die berufliche Kompetenz (DCE 31a) und sodann „vor allem Herzensbildung" (DCE 31b). Fachlichkeit und caritative Menschlichkeit werden verbunden.[51] Er zeigt ferner, dass es der schenkenden Liebe als absichtsloser Liebe widerspricht, wenn caritatives Helfen mit *Proselytismus* verknüpft wird (DCE 31c), d.h. mit einer Anwerbung von Kirchenmitgliedern durch caritatives Helfen.

2.2.5 Die Träger des caritativen Handelns der Kirche

Da die Kirche selbst Subjekt ihres caritativen Tuns ist, beschreibt Benedikt XVI. die *Träger der caritativen Sendung der Kirche.* Als Erstes nennt er die universal-kirchliche Verantwortung, die vom *Päpstlichen Rat* COR UNUM wahrgenommen wird (DCE 32). Sodann werden die *Bischöfe* auf ihre Verantwortung für die caritative Diakonie hingewiesen und ihnen die caritative Koinonia (Gemeinschaft der Liebe) und die caritative Diakonie (Dienst

---

[51] Vgl. Pompey, H., Beziehungstheologie – Das Zueinander theologischer und psychologischer „Wirk"lichkeiten und die biblisch-theologische Kontextualisierung von Lebens- und Leidenserfahrung, in: Pompey, H. (Hg.), Caritas – Das menschliche Gesicht des Glaubens: Ökumenische und internationale Anstöße einer Diakonietheologie, Würzburg 1997, 92–128.

der Liebe für alle) besonders ans Herz gelegt: „Kirche als Familie Gottes muss heute wie gestern ein Ort der gegenseitigen Hilfe sein und zugleich ein Ort der Dienstbereitschaft für alle der Hilfe Bedürftigen, auch wenn diese nicht zur Kirche gehören" (DCE 32).

In seiner kurzen *Profilbeschreibung des Mitarbeiters der kirchlichen Caritas* (DCE 33) – wobei der Papst offenlässt, ob es sich um die freiwilligen oder hauptamtlichen Mitarbeiter handelt – hebt er hervor, dass ein Mitarbeiter sich nicht von Ideologien der Weltverbesserer leiten lassen darf, sondern „sich von dem Glauben führen lasse, der in der Liebe wirksam wird (vgl. Gal. 5,6)". Im Blick auf ihre *Kirchlichkeit* hebt er hervor: „Wer Christus liebt, liebt die Kirche und will, dass sie immer mehr Ausdruck und Organ seiner Liebe sei. Der Mitarbeiter jeder katholischen caritativen Organisation will mit der Kirche und daher mit dem Bischof dafür arbeiten, dass sich die Liebe Gottes in der Welt ausbreitet" (DCE 33).

Seine *Einladung zur Kooperation mit anderen* Organisationen (DCE 34) verbindet der Papst mit dem Hinweis, *dabei* das eigene *caritasspezifische Profil zu beachten*, und erinnert an die Magna Charta allen kirchlichen Dienens (1 Kor. 13,3): „Wenn ich meine ganze Habe verschenkte und wenn ich meinen Leib dem Feuer übergäbe, hätte aber die Liebe nicht, nützte es mir nichts" (1 Kor 13,3) (DCE 34).

Als grundlegend für die helfende Beziehung verdeutlicht die Enzyklika die *Christo-Logik des demütigen, d. h. des dienenden Helfens*. Da der Helfende „letzten Endes nur Werkzeug in der Hand des Herrn ist", darf der Helfende die Begrenztheit seines Tuns dem Herrn überlassen (DCE 35). Unser Helfen steht unter der Gnade Gottes. Aus diesen Überlegungen ergibt sich, durch das *Gebet* „von Christus Kraft zu holen" (DCE 36). In den Darlegungen über den inneren Zusammenhang von *Glauben, Hoffnung und Liebe* als Wirkeinheit hebt er die tragende Bedeutung der Tugenden *Geduld und Demut* im Blick auf die helfende Begleitung hervor.

2.2.6 Schluss

Im Schlusskapitel geht der Papst auf die wegweisende Bedeutung der Heiligen ein, „welche die Liebe in beispielhafter Weise verwirklicht haben" (DCE 40). „Die Heiligen sind die wahren Lichtträger der Geschichte, weil sie Menschen des Glaubens, der Hoffnung und der Liebe sind" (DCE 40). Besonders stellt der Papst Maria als Leitbild eines vom Glauben geprägten liebenden Menschen hin (DCE 41), die zur Mutter der Barmherzigkeit für alle Leidenden geworden ist. „Zu ihrer mütterlichen Güte wie zu ihrer jungfräulichen Reinheit und Schönheit kommen die Menschen aller Zeiten und aller Erdteile in ihren Nöten und Hoffnungen, in ihren Freuden und Leiden, in ihren Einsamkeiten wie in der Gemeinschaft. Und immer erfahren sie das Geschenk ihrer Güte, erfahren sie die unerschöpfliche Liebe, die sie aus dem Grund ihres Herzens austeilt" (DCE 42). An ihr wird sichtbar, dass derjenige, „der aus dem Brunnen von Gottes Liebe getrunken hat, selbst zum Quell" des Lebens wird (DCE 42). Darum vertraut Benedikt XVI. „die Kirche, ihre Sendung im Dienste der Liebe" (DCE 42) der Gottesmutter an und schließt mit einem entsprechenden marianischen Hymnus.

3. Teil
Theo-logik und Anthropo-logik der caritativen Diakonie der Kirche

3.1 Eros, Philia und Agape als leitende Aspekte des caritativen Heilens und Helfens

Angesichts der heutigen Entwertung und des Missbrauchs der Liebe möchte die Enzyklika die „Wirk"-lichkeit der Liebe als lebens-not-wendige Quelle für ein glückliches, gelingendes Miteinander sowie für die helfende Caritas erschließen. Hierzu gehört auch der Eros – das Ja des Menschen zu seiner von Gott erschaffenen Körperhaftigkeit.[52] Der Leser ist zunächst erstaunt, wozu die Eros-Dimension der Liebe für die caritative Diakonie thematisiert wird. In einem Lehrschreiben zur ehelichen und elterlichen Liebe wäre dies unbestritten angebracht, für ein sozial-caritatives Lehrschreiben eher als entbehrlich angesehen. So stellt sich die Frage, warum weist Benedikt XVI. auf den Eros als notwendigen Aspekt der Liebe und Zuwendung zum Menschen hin?

Zunächst befragt der Papst die philosophiegeschichtlichen und sprachlichen Wurzeln des Verständnisses von verschiedenen Caritasbegriffen. Zur ganzheitlichen Erklärung der Liebe bezieht er sich auf die biblisch überlieferte Trias *Eros, Philia und Agape* und löst dadurch die vermeintliche Trennung von Eros und Agape auf. Die Begründung der inneren Verbundenheit von Eros und Agape ist in der westlichen Theologie eher ungewöhnlich. Insbesondere erscheint die Zusammengehörigkeit von Eros und Agape im Blick auf die caritativ-diakonische Praxis und Sendung der Kirche fremd. Im Lebensverständnis vieler Menschen findet sich zumeist die Verbindung von Eros und Sexus. Dem stellt der Papst die

---

[52] Vgl. Benedikt XVI., Ansprache bei der Audienz der Teilnehmer an der vom Päpstlichen Rat COR UNUM veranstalteten Tagung am 23. 01. 2006 in der Sala Clementina.

Verbundenheit von Eros und Agape gegenüber (DCE 6 und 5).

3.1.1 Eros – ein ungewöhnliches Thema der Theologie

Die Reflexion der ganzheitlichen „Wirk"-lichkeit der Liebe markiert die theologisch-geistliche Karriere des Hl. Vaters seit seiner Studentenzeit. Es ist bekannt, dass Joseph Ratzinger als Seminarist im Freisinger Priesterseminar die *„Quaestio disputata de caritate"* des Thomas von Aquin aus Interesse freiwillig übersetzte.[53] Ebenso studierte er das Buch von August Adam *„Der Primat der Liebe – Studie über die Einordnung der Sexualmoral in das Sittengesetz"* (Kevelaer 1954). Dieses Buch bezeichnet er später als Schlüssellektüre seiner Jugendzeit.[54] Das Thema Liebe begleitete ihn weiterhin in seinen theologischen Reflexionen, beispielsweise verfasste er das Buch „Die christliche Brüderlichkeit" München 1960 und die Schrift *„Wer in der Liebe bleibt – Ein Wort über die Ehe"* München 1980.[55]

Ausgehend vom trinitarischen Gottesverständnis[56] verbindet er das Verständnis der natürlichen sexuellen Liebe, wie es von A. Adam positiv im Blick auf die legitime Dimension des Eros gegen alle manichäischen Strömungen dargelegt wurde, mit der sozialen Liebe, wie sie Thomas von Aquin in seiner Quaestio beschreibt. So eröffnet

---

[53] Vgl. Just, B., „Er ist ein Intellektueller mit Herz". Der Religionspädagoge Alfred Läpple erinnert sich an den Seminaristen Joseph Ratzinger, in: Die Tagespost v. 22. 06. 2006, 5.

[54] Vgl. Lehner, U. L., Der Papst und seine bayerische Inspiration – Warum das Werk des Theologen August Adam durch die erste Enzyklika Benedikts XVI. zur Pflichtlektüre wird, in: Die Tagespost v. 02. 03. 2006, 6.

[55] In seiner Promotion wandte er sich Augustinus zu, und zwar mit dem Thema: „Volk und Haus Gottes in Augustins Lehre von der Kirche, München 1954, womit sich ein weiteres Grundelement seiner Enzyklika andeutet.

[56] Den Reflexionen der Enzyklika liegen vorrangig die trinitarische Ökonomie und nicht die innere Trinität zugrunde, vgl. Ratzinger J., Benedikt XVI., Der Gott Jesu Christi – Betrachtungen über den Dreieinigen Gott. München 2006.

der Papst der sozial-caritativen Diakonie die verdrängte Dimension des dynamisierenden Eros; eine zunächst unglaubliche, fast revolutionäre Option, die kaum einer vom gegenwärtigen Papst erwartet hätte. Der Ratio, die der Wahrheitsfindung, d. h. der sachlichen wie fachlichen Richtigkeit des Handelns dient, stellt Benedikt XVI. im Blick auf Verkündigung, Liturgie und Diakonie den Eros als dynamische Kraft zur Seite.

Wie A. Adam beschreibt und J. Pieper gegenüber dem lutherischen Theologen A. Nygren aus Uppsala und dessen Thesen – vertreten in dem Buch „Eros und Agape"[57] – hervorhebt[58], standen viele Reformatoren manichäischem Denken nahe.[59] „In Luthers Lehren, dass die ganze Natur des Menschen durch die Erbsünde verderbt sei, dass die Erbsünde wesenhaft in der Begierlichkeit bestehe, dass ‚die Ehe ein weltlich Ding sein, ebenso wie Essen und Trinken und Schlafen', lagen schon keimhaft die Ansatzpunkte für verhängnisvolle Weiterbildungen."[60] Dies zeigte sich z. B. bei den Bilderstürmern, gegen die sich Luther energisch zur Wehr setzen musste.[61] Schließlich war Luther selbst „alles andere als ein Manichäer; seine ganze lebensfrohe Natur widerstrebte dieser düstern Lehre".[62] Dagegen erwies sich der Calvinismus als radikaler, was bei den Puritanern in der Verachtung von Kunst und Wissenschaft, in

---

[57] 2 Bände, Göttingen 1930, 1937.

[58] Das Bemühen, den Eros für die Agape zu reklamieren, findet sich bereits in den 50er Jahren beim Philosophen Josef Pieper (a.a.O. 1992[7]), als er in Anlehnung an den katholischen Theologen C. S. Lewis aus England dem protestantischen Theologen Anders Nygren aus Schweden bzgl. der Abspaltung des Eros von der Agape widerspricht. Auch Josef Ratzinger selbst beschäftigte sich in den 60er Jahren mit der Thematik von Eros und Agape, vgl. Ratzinger, a.a.O. 1960; ders., a.a.O. 1975.

[59] Adam weist auf, wie Nominalismus und Dualismus – wir würden heute sagen die Dialektik von Geist und Materie etc. – Mitursache für die Verpönung der Sinnlichkeit waren, vgl. Adam, A., Der Primat der Liebe – Studie über die Einordnung der Sexualmoral in das Sittengesetz. Kevelaer 1954[6].

[60] Adam, a.a.O. 56.

[61] So gegen Andreas Karlstadt und Thomas Müntzer.

[62] Adam, a.a.O. 56.

der Totalabstinenz, in der Abwertung der Geschlechtlichkeit, der Ablehnung von schmucker Kleidung etc. seinen deutlichen Ausdruck fand.[63] Erinnert sei daran, dass im puritanischen England selbst sonntägliche Spaziergänge, Bootsfahrten und Musizieren als Lebensgenuss bei hoher Strafe verboten waren.[64] Dies steht im Gegensatz zur katholischen Position und zur ostkirchlich-orthodoxen Tradition, so wie sie z. B. von Chrysostomus inspiriert ist, der in seinen Predigten durchaus eine sinnliche Sprache benutzte, wie A. Adam belegt.[65] Aufgrund dieser unterschiedlichen Beurteilungen von Eros und Agape führt die katholische wie auch die orthodoxe Sichtweise der Eros-Agape-Caritas zu einer stärkeren intrinsischen Motivation des Helfens, während das protestantisch-puritanische Verständnis die Zuwendung zum Leidenden und Notbedürftigen eher extrinsisch aus der Christenpflicht bzw. allein aus der Gnade motiviert. Die unterschiedliche Bewertung von Eros und Agape ist für die Praxis der caritativen Diakonie nicht irrelevant und prägt möglicherweise den Charakter und das Selbstverständnis des Helfens.[66]

Der mit der Eros-Feindlichkeit verbundenen *Leibfeindlichkeit* (DCE 5) – die auch bei der Pflege und bei medizinischen Behandlungen zu vielfältigen Verklemmungen führte – stellt der Papst die Bejahung der leiblichen Wirklichkeit des Menschen gegenüber, die – so legt er dar – genuin christlich ist. Schließlich wird der Mensch mit seinem Leib auferstehen und bei Gott sein, also nicht nur als rationale Seele bzw. als Idee. Der Leib erfährt durch seine Auferstehung zum ewigen Leben von Gott die höchste Wertschätzung. Ausgehend von der Anthropologik des Leibes erschließt der Papst mit einem Rückgriff auf die biblische Botschaft die Theologie des Leibes und ent-

---

[63] Adam, a.a.O. 57.

[64] Vgl. Maurer, M., Der Sonntag in der frühen Neuzeit, in: Archiv für Kulturgeschichte, Bd. 88, H. 1 (Köln 2006).

[65] Adam, a.a.O. 195.

[66] Die unterschiedlichen Konzepte der helfenden Diakonie in reformierten, in lutherischen, in katholischen wie in orthodoxen Ländern haben möglicherweise u. a. darin eine Ursache.

wickelt ein theo-logisches Menschenbild. Benedikt XVI. nimmt dabei die Theologie des Leibes seines Vorgängers Johannes Paul II. auf.[67]

Benedikt XVI. macht deutlich, dass das christliche Verständnis der Liebe nicht dem weltlichen Urphänomen Liebe entgegensteht, sondern „in seine Suche nach Liebe reinigend eingreift und ihm dabei neue Dimensionen eröffnet" (DCE 7). Eros darf nicht auf Sexus reduziert werden. Außerdem sind Eros und Agape keine Gegensätze (DCE 7). Die Liebe ist eine zusammenhängende „Wirk"-lichkeit, die verschiedene Dimensionen besitzt. Erst wenn eine sich abtrennt, entstehen Fehlformen der Liebe.

Ohne systematisch darauf einzugehen, sei noch auf den inneren Zusammenhang von Eros und Liebe zum Schönen hingewiesen. Die Begeisterung für das Schöne in der Beziehung zu Gott, zu den Mitmenschen wie zur natürlichen wie kulturellen Lebenswelt entspringt dem Eros. Auch das ist ein Thema der philosophisch-theologischen Reflexionen J. Ratzingers, insbesondere im Blick auf die Kultivierung der Beziehung zu Gott in der Liturgie, aber auch in der religiös inspirierenden Musik und Kunst.[68] Basierend auf Platon und dem Philosophen J. Pieper erschließt der Theologe Ratzinger zudem die Bedeutsamkeit des Schönen für die Erkenntnis der Wahrheiten des Lebens: So „reiße die Schönheit den Menschen aus der Zufriedenheit des Alltags, der Pfeil der Schönheit trifft den Menschen, verwundert ihn und beflügelt ihn, zieht ihn nach oben".[69] „Schönheit ist eine Brücke zur Transzendenz, christlich gewendet: zum dreieinigen Gott."[70] Eros und Schönheit geben der Beziehung des Menschen zu Gott, zu den Mitmenschen wie zur Mitwelt eine besondere lebenserfüllende Quali-

---

[67] Vgl. Johannes Paul II., Christi fideles laici – Über die Berufung und Sendung der Laien in Kirche und Welt, Rom 1988.

[68] Kissler, A., Der deutsche Papst. Benedikt XVI. und seine schwierige Heimat, Freiburg 2005, 175–186; ders., Die Schönheit der Liturgie gibt dem Glauben Kraft, in: Die Tagespost v. 12. 09. 2006, 9.

[69] Kissler, Der deutsche Papst, a.a.O., 176.

[70] Ebd. 177.

tät. Das ist im caritativen Heilen, Helfen, Erziehen und Pflegen zu beachten.

3.1.2 Eros in der Gottesbeziehung

3.1.2.1 Die Liebe Gottes zu den Menschen
Die menschliche Urbeziehung von Mann und Frau, von Eltern und Kindern, noch mehr aber die leidenschaftliche Beziehung Gottes zu seinem Volk Israel sind jeweils Maßstab der caritativen Beziehung zu Gott. Gott wird als leidenschaftlicher – auf den Menschen gerichteter – Gott im AT präsentiert, ein Liebender, der mit ganzer Leidenschaft den Menschen liebt (DCE 6, 9 und 10). Zur Begründung zitiert der Papst das alttestamentliche Hohe Lied der Liebe (DCE 6) und die Propheten Hosea und Ezechiel, die die „Leidenschaft Gottes für sein Volk mit kühnen erotischen Bildern" beschreiben (DCE 9). „Das philosophisch und religionsgeschichtlich Bemerkenswerte an dieser Sicht der Bibel besteht darin, dass wir einerseits sozusagen ein streng metaphysisches Gottesbild vor uns haben: Gott ist der Urquell allen Seins überhaupt; aber dieser schöpferische Ursprung aller Dinge – der Logos, die Urvernunft – ist zugleich ein Liebender mit der ganzen Leidenschaft wirklicher Liebe. Damit ist der Eros aufs Höchste geadelt, aber zugleich so gereinigt, dass er mit der Agape verschmilzt" (DCE 10).

So hat die begehrende Liebe, der Eros, seinen tiefsten Urgrund in Gott, aus der die schenkende Liebe: die Agape erwächst, die in Jesus Christus ihren leibhaften Ausdruck findet. Der Gott der Philosophen, die göttliche Macht, „die Aristoteles auf dem Höhepunkt der griechischen Philosophie denkend zu erfassen sucht, ist zwar für alles Seiende Gegenstand des Begehrens und der Liebe, aber sie selbst (die Gottheit) ist unbedürftig und liebt nicht" (DCE 9). Das ist im jüdisch-christlichen Gottesverständnis radikal anders. Eros ist theo-logisch – d. h. gemäß dem Logos Gottes – Teil der Agape. Hier findet sich ein möglicher Unterschied zu protestantisch-puritanischen

Positionen, wenn die Liebe zu Gott auf die Agape, die schenkende Liebe, begrenzt wird.[71]

Durch das irdische Leben Jesu Christi verwandelt Gott seine begehrende Liebe zur schenkenden Liebe für sein Volk. Auf Golgatha „vollzieht sich jene Wende Gottes gegen sich selbst, in der er sich verschenkt, um den Menschen wieder aufzuheben und zu retten – Liebe in ihrer radikalsten Form. Der Blick auf die durchbohrte Seite Jesu, von dem Johannes spricht, begreift, was Ausgangspunkt dieses Schreibens ist: Gott ist die Liebe (1 Joh 4,8). Dort kann diese Wahrheit angeschaut werden." Und „diesem Akt der Hingabe hat Jesus bleibende Gegenwart verliehen durch die Einsetzung der Eucharistie während des Letzten Abendmahls" (DCE 13). In der gemeinschaftlichen Eucharistie wird die sich schenkende trinitarische Liebe präsent. Die Hingabe Jesu an den Vater ereignet sich durch die Herabrufung des Hl. Geistes in der Eucharistie, d. h. in der Epiklese und in den Hingabe-Worten Jesu der Konsekration. Aus der begehrenden Liebe Gottes wird eine hingebende Liebe, sie wandelt sich und verklärt sich. So erweitert der Papst theologisch seinen anthropologischen Begründungszusammenhang und verleiht dem Eros dadurch eine neue Dignität.

3.1.2.2 Die Liebe des Menschen zu Gott

Kann so auch der Mensch Gott lieben? Das Resümee des Papstes in der italienischen Zeitschrift „Famiglia Cristiana" bezüglich dieser Fragen lautet: „Ja, wir können Gott lieben, da er für uns ja nicht in einem unerreichbaren Abstand geblieben ist, sondern in unser Leben gekommen ist und noch immer kommt."[72] Außerdem gilt der wechselseitige, attraktive, anziehende, d. h. personbezogene und schenkende Charakter der Liebe erst recht für die Beziehung des Menschen zu Gott: „Ja, Eros will uns zum Göttlichen hinreißen, uns über uns selbst hinausführen, aber gerade darum verlangt er einen Weg des Aufstiegs,

---

[71] Vgl. Pieper, a.a.O. 1992[7].
[72] „Famiglia Cristiana" in: www.kath.net v. 02. 02. 2006.

der Verzichte, der Reinigungen und Heilungen" (DCE 5). Der Mensch soll nicht nur nach der Wahrheit, sondern darf ebenso nach der Schönheit Gottes Ausschau halten und sie zu begreifen suchen. Das Leben in Heiligkeit ist nicht nur ein Streben nach Wahrheit, nach dem Guten, sondern auch nach der Schönheit Gottes. Eine sehr bekannte asketische Schrift der Ostkirche nennt sich „Philokalie", d. h. „Liebe zum Schönen". Das Erspüren der Philokalie gründet in der begehrenden Liebe. M. Schneider hebt hervor: „Während die christologische Tradition von Antiochien den Nachdruck auf die Offenbarung des Logos in seiner Menschheit legt, betont die pneumatologische Tradition von Alexandrien gerade die Schönheit des Göttlichen. Diese strahlt im Wirken des Heiligen Geistes auf, der das Antlitz der Erde mit seiner göttlichen Schönheit erneuert. Für Kyrill von Alexandrien ist es das Spezifikum des Pneumas, Geist der Schönheit zu sein und dem ganzen Kosmos Anteil an der Schönheit der göttlichen Natur zu geben. Der Heilige Geist erneuert den Erdkreis mit göttlicher Schönheit (vgl. Weish 1,7)."[73] Wie die begehrende Liebe Gottes sich in Christus mit der schenkenden Liebe Gottes verbindet und wie die begehrende Liebe der Eheleute sich in schenkende Liebe zu wandeln hat, so findet die Gott begehrende Liebe des Gottsuchers, z. B. des Mystikers, ihren Ausdruck in der schenkenden Liebe der caritativen Hilfe. Darum bilden beim Mönchsvater Benedikt die Sehnsucht nach Gott und die helfende und beherbergende Gastfreundschaft gegenüber Menschen eine Einheit.

---

[73] Vgl. Schneider M., Wahrheit gibt es nicht im Plural – Impulse aus dem theologischen Werk Joseph Ratzingers für den Dialog mit der orthodoxen Kirche, in: Die Tagespost v. 28. 02. 2006, 4. Interessant, dass der Ratsvorsitzende der Evangelischen Kirche Deutschland in seiner Reflexion der Enzyklika den Aspekt zur Agape-Eros-Thematik übergeht und sogar als Konsens beschreibt, vgl. Huber, W., Reinigung der Liebe – Reinigung der Vernunft – Zur Päpstlichen Enzyklika „Deus caritas est", in: Benedikt XVI. Gott ist die Liebe – Die Enzyklika „Deus caritas est" – Ökumenisch kommentiert, Freiburg 2006, 97–111.

Für die Mensch-Gott-Beziehung ist es aufschlussreich, dass Jesus den Petrus nicht fragt, glaubst Du an mich, sondern fragt, „liebst Du mich" (Joh 21,15). Jesus prüft also die liebende Beziehung zu ihm und fragt nicht nach der Rationalität des petrinischen Glaubens. Die Eros-Agape-Beziehung ist die Grundlage des Glaubens an Jesus. Dementsprechend kennt der christliche Glaube zwei Glaubensaspekte: „Fides quae creditur" (die Glaubensinhalte) wie „Fides qua creditur" (die Glaubensbeziehungen).[74] Es wird unterschieden das „Was-wir-glauben", z. B. die einzelnen Aussagen des Glaubensbekenntnisses, und das „Wie-wir-glauben", welche Beziehungsqualität wir zu Gott, zu Jesus Christus, zur Mutter Gottes, zur Kirche, zu den Sakramenten etc. haben. Heilsentscheidender ist der Aspekt „fides qua creditur", also das „Wie" des Glaubens, ohne das „Was-wir-glauben", also die Glaubensinhalte abzuwerten. Wir glauben nicht an eine Lehre, sondern an die Person Jesu Christi, wie Ratzinger seit langem vertritt[75] und jetzt in seiner Enzyklika hervorhebt: „Am Anfang des Christseins steht nicht ein ethischer Entschluss oder eine große Idee, sondern die Begegnung mit einem Ereignis, mit einer Person, die unserem Leben einen neuen Horizont und damit seine entscheidende Richtung gibt" (DCE 1). Der christliche Glaube ist im Tiefsten Beziehungsrealität, d. h. ein Bundesgeschehen. Mit dieser Option für eine Theologie der personalen Beziehung legt der Papst die unumgänglichen Grundlagen für die helfende caritative Diakonie. Nicht die Glaubensindoktrination, sondern die personal vermittelte und gelebte Glaubenserfahrung entfaltet eine helfende und heilende Dynamik. Darum betont Benedikt XVI. im Blick auf eine helfende Beziehung: „Ich muss dem anderen … mich selbst geben, als Person darin anwesend sein" (DCE 34).

Analog zur theologischen Unterscheidung von „fides quae creditur" und „fides qua creditur" kennt die Kom-

---

[74] Vgl. Pompey, Beziehungstheologie, a.a.O. 1997.
[75] Vgl. Ratzinger, J., Einführung in das Christentum, München 2006[7], 71f.

munikations- und Interaktionspsychologie[76] das Grundaxiom eines Inhalts- wie Beziehungsaspektes.[77] Nach dieser Theorie prägt der Beziehungsaspekt den Inhalt wie umgekehrt der Inhaltsaspekt die Glaubensbeziehung bestimmen kann.[78] Gelingende, liebende Beziehung ist somit stets inspiriert vom gereinigten Eros. Ohne eine gelebte, liebende Beziehung zu Gott ist der inhaltliche Glaube tot. Die gelebte Glaubensbeziehung zu Gott gibt den Inhalten des Glaubens ihre lebensnot-wendige Legitimation und Relevanz. In der Enzyklika findet sich das nicht in dieser Weise formuliert, aber implizit ist die Vorrangigkeit der caritativen Beziehung zu Gott enthalten. Aus der Gesamtargumentation der Enzyklika lässt sich ableiten, dass Eros und Agape den Beziehungsaspekt einer Kommunikation und Interaktion prägen, so wie die Ratio den Inhaltsaspekt bestimmt. In der Tat wendet sich die Enzyklika ganz deutlich dem Beziehungsaspekt des Glaubens zu, und zwar der caritativen Beziehungsqualität zu Gott und zu den Menschen. Sie bedient sich jedoch zur Begründung der theologisch-biblischen Rationalität. Die heils-ökonomische Vorrangigkeit des Beziehungsaspektes des Glaubens gegenüber den Inhalten des Glaubens wird damit deutlich. Wir glauben nicht an eine Lehre, sondern an die Beziehung zu Jesus. Benedikt XVI. selbst drückt das wie folgt aus: „Der Glaube ist keine Theorie, die man sich zu eigen machen oder auch zurückstellen kann. Er ist etwas sehr Konkretes. Er ist das Kriterium, das über unseren Lebensstil entscheidet."[79] So ist Glaube letztlich caritativer Beziehungsglaube an Jesus Christus.

---

[76] Vgl. Watzlawik, P., Menschliche Kommunikation – Formen, Störungen, Paradoxien, Bern 2000[10].

[77] Vgl. Pompey, H., Beziehungstheologie, a.a.O. 1997.

[78] Wie z. B. die Kognitionspsychologie verdeutlicht, vgl. Spies, K., Hesse, W. F., Interaktion von Emotion und Kognition, in: Psychologische Rundschau, 37 (1986) H. 2, 75–90. Die Beziehung zur Gottesmutter bestimmt die existentielle Bedeutung einer mariologischen Aussage.

[79] Ansprache von Benedikt XVI. an die Teilnehmer eines vom Päpstlichen Rat „COR UNUM" ausgerichteten internationalen Kongresses, in: Pontificium Consilium „COR UNUM", Deus caritas est – Dokumentation des internationalen Kongresses über die christliche Liebe, Vatikan 2006, 7-11,8.

„Fides quae creditur", also die Glaubensinhalte, erschließen sich nur über „Fides qua creditur", d. h. über die caritative Beziehung zu Gott, so wie es bei Johannes (1 Joh 4) zu lesen ist: „Wer nicht liebt, hat Gott nicht erkannt; denn Gott ist die Liebe" oder „Wir haben die Liebe, die Gott zu uns hat, erkannt und gläubig angenommen. Gott ist die Liebe, und wer in der Liebe bleibt, bleibt in Gott und Gott bleibt in ihm." Der caritative Beziehungsglaube erschließt die Wahrheit, die „Wirk"-lichkeit des Inhaltsglaubens. Paulus schreibt dementsprechend im Korintherbrief: „Wenn ich in den Sprachen der Menschen und Engel redete, hätte aber die Liebe nicht, wäre ich ein dröhnendes Erz oder eine lärmende Pauke. Und wenn ich prophetisch reden könnte und alle Geheimnisse wüsste und alle Erkenntnis hätte; wenn ich alle Glaubenskraft besäße und Berge damit versetzen könnte, hätte aber die Liebe nicht, wäre ich nichts. Und wenn ich meine ganze Habe verschenkte, und wenn ich meinen Leib dem Feuer übergäbe, hätte aber die Liebe nicht, nützte es mir nichts" (1 Kor 13,1–3). In seinem Römerbrief schreibt Paulus: „Das Wort ist dir nahe, es ist in deinem Mund und in deinem Herzen. Gemeint ist das Wort des Glaubens, das wir verkündigen; denn wenn du mit deinem Mund bekennst: ‚Jesus ist der Herr' und in deinem Herzen glaubst: ‚Gott hat ihn von den Toten auferweckt', so wirst du gerettet werden. Wer mit dem Herzen glaubt und mit dem Mund bekennt, wird Gerechtigkeit und Heil erlangen" (Röm 10,8). Das könnte der Grund sein, warum bei Paulus die Liebe vor dem Glauben rangiert: „Für jetzt bleiben Glaube, Hoffnung, Liebe, diese drei; doch am größten unter ihnen ist die Liebe" (1 Kor 13,13). Eros/Agape bestimmen somit die Beziehung zu Gott und den Glauben an Gott und schenken der Beziehung zu Gott eine sinnliche, d. h. eine nicht nur auf Rationalität begrenzte Qualität.[80] So geht es darum, „von der Liebe geleitet, sich an die Wahrheit zu halten" (Eph 4,15).

---

[80] Vgl. Meisner, J. Kardinal, Wider die Entsinnlichung des Glaubens, Graz 1991².

3.1.3 Eros in Menschenbeziehungen

Die Dynamik des göttlichen Eros ist Ursprung der treue-geleiteten Beziehung Gottes zu seinem Volk (DCE 11). Der Eros Gottes wird so als Lebensquelle für das freud-volle wie für das leidvolle Miteinander der Menschen er-schlossen: Die „Art, wie Gott liebt, wird zum Maßstab menschlicher Liebe. Diese feste Verknüpfung von Eros und Ehe in der Bibel findet kaum Parallelen in der außer-biblischen Literatur" (DCE 11). Liebe ist das Grundthe-ma menschlicher Existenz, auch wenn die Paradigmen, d. h. ihre Beurteilungsmaßstäbe sich ändern. Bereits der Theologe Adam stellte – von Theologen und Vertretern der Kirche seiner Zeit stark kritisiert – heraus: „Der Eros ist nicht bloß jene dämonische Macht, die vernichtet und zerstört und alles Leben in ihre Fesseln schlägt; er war zu allen Zeiten auch die Quelle weltüberwindender Energien, … ist … eine der stärksten Kraftquellen der menschlichen Kultur."[81] „Freilich ist der natürliche Eros zu allem fähig: zu Taten edelsten Heldentums, aber auch zu Freveltaten von dämonischem Ausmaß, zu höchster Opferbereitschaft wie zu zerstörender Rachsucht."[82] „Die Caritas [Agape würde Benedikt XVI. sagen] aber ist der christliche, getaufte Eros, der die Antriebe der na-türlichen Liebe noch steigert, weil er seine Kräfte auch aus übernatürlichen Quellen speist. Aus ihr gehen alle sittlichen Energien hervor, die wir Tugenden nennen."[83] Damit ist der Eros als „wesensmäßig im Menschen selbst verankert" (DCE 11).

Die Befreiung des Eros aus manichäischer Verengung und Verdrängung war vor 50 Jahren im kirchlichen Kon-text notwendig. Seither entfaltete sich eine radikal entge-gengesetzte sexuelle Revolution, die die Liebe auf puren somatischen Sex bzw. sexuelle Erotik fixiert. Darum muss die Liebe im Blick auf Ehe und soziale Arbeit re-kultiviert und die ursprüngliche Bedeutung des Eros neu

---

[81] Vgl. Adam, a.a.O. 1954[6].
[82] Adam, a.a.O. 145.
[83] Adam, a.a.O. 145.

entdeckt und erschlossen werden. Der Papst zeigt positiv die Lebenschancen und Lebensmöglichkeiten von Agape und Eros auf. Der Begriff Eros besagt Liebe als begehrende Anziehung. Der Begriff Agape meint Liebe als Sich-Hingeben und Sich-Schenken (DCE 7). Beide bilden eine Einheit; denn „in Wirklichkeit lassen sich Eros und Agape – aufsteigende und absteigende Liebe – niemals ganz voneinander trennen" (DCE 7).

Das Miteinander von Eros und Agape findet sich in gewisser Weise auch in den Basisbedingungen psychotherapeutischer Beziehungen.[84] Der durch Agape gereinigte Eros als begehrende Liebe ist in der therapeutisch relevanten wert-schätzenden Liebe präsent. Wert-Schätzung heißt: im anderen einen Wert, ja sogar einen Schatz zu sehen, der attraktiv, also anziehend ist. Dies begründet wiederum ein „Vom-Gut-Sein" des anderen überzeugt zu sein. Eine Hilfe ohne den Glauben an das tiefe Gutsein des Leidenden und seiner Lebensmöglichkeiten – trotz aller Negativaspekte eines Lebensproblems – ist wirkungslos. Wenn ein Helfer an den Fähigkeiten seines Klienten, ein Problem zu lösen, zweifelt, kann er nicht helfen. Die positive Wertschätzung i. S. der therapeutischen Grundhaltung „positive regard" darf gemäß der Humanistischen Psychologie jedoch nicht besitzergreifend sein, sie ist also bedingungslos zu leben, will sie eine helfende Wirkung erzeugen.[85] Es geht somit um einen Eros, der von der Agape geläutert ist. C. Rogers verdeutlicht das sehr zutreffend: „It means a kind of love for the client as he is, providing we understand *the word love as equivalent to the theologian's term ‚agape'*, and not in its usual romantic and possessive meanings. What I am describing is a feeling which is not paternalistic, nor

[84] Vgl. Tscheulin, D., Gemeinsame Grundelemente in verschiedenen Psychotherapieformen, in: E. R. Rey (Hg.), Aktuelle Psychiatrie. Bd. 2. Klinische Psychologie, Stuttgart 1981, 14–127; ders., Wirkfaktoren psychotherapeutischer Interaktion, Göttingen 1992.
[85] Vgl. die Forschungen zur Therapievariable: Positive Wertschätzung in: Tausch, R. & Tausch, A., Gesprächspsychotherapie, Göttingen 1990⁹.

sentimental, nor superficially social and agreeable. It respects the other person as a separate individual, and does not possess him." [86]

Reine selbst-lose Liebe, also pure Agape, lässt die eigene Person ganz aus dem Hilfegeschehen heraus. Unbestritten gibt es psychotherapeutische, insbesondere psychoanalytisch geprägte Hilfekonzepte, die diese Form der Zuwendung favorisieren. Die humanistisch-therapeutische Schulrichtung fordert dagegen deutlich Kongruenz und Transparenz, d. h. Echtheit und Offenheit in der helfenden Beziehung. Eine Bedingung des Helfens ist daher nach C. Rogers, „that the therapist should be, within the confines of this relationship, a congruent, genuine, integrated person. It means that within the relationship he is freely and deeply himself, with his actual experience accurately represented by his awareness of himself." [87]

---

[86] *„Positive regard: I hypothesize that growth and change are more likely to occur the more that the counselor is experiencing a warm, positive, acceptant attitude toward what is in the client. It means that he prizes his client, as a person, with somewhat the same quality of feeling that a parent feels for his child, prizing him as a person regardless of his particular behavior at the moment. It means that he cares for his client in a non-possessive way, as a person with potentialities. It involves an open willingness for the client to be whatever feelings are real in him at the moment – hostility or tenderness, rebellion or submissiveness, assurance or self-depreciation. It means a kind of love for the client as he is, providing we understand the word love as equivalent to the theologian's term ‚agape‘, and not in its usual romantic and possessive meanings. What I am describing is a feeling which is not paternalistic, nor sentimental, nor superficially social and agreeable. It respects the other person as a separate individual, and does not possess him. It is a kind of liking which has strength, and which is not demanding. We have termed it positive regard."* Rogers, C. R. The interpersonal relationship: The core of guidance. Harward Educ.Review, 1962, 420.*

[87] *„The therapist's genuineness in the relationship: The third condition is that the therapist should be, within the confines of this relationship, a congruent, genuine, integrated person. It means that within the relationship he is freely and deeply himself, with his actual experience accurately represented by his awareness of himself. It is the opposite of presenting a facade, either knowingly or unknowingly. It is not necessary (nor is it possible) that the therapist be a paragon who exhibits this degree of integration, of wholeness, in every aspect of his life. It is sufficient that*

Bezüglich der persönlichen Offenheit des Helfers meint er: „At times he may need to talk out some of his own feelings."[88] Eine nur in diesem Sinne echte Empathie, also nicht die scheinbare Empathie zeigt eine helfende Wirkung. Dabei ist wiederum zu bedenken, so wie es der Hebräerbrief zur helfenden Existenz Jesu sagt, dass es eine Metriopathie sein muss: „μετριοπαθεῖν δυνάμενος τοῖς ἀγνοοῦσιν καὶ πλανωμένοις" (Hebr 5,2), d. h. sich mit Maß einfühlen,[89] sich nicht mit dem Leidenden und Suchenden, dem Unwissenden und Verirrten identifizieren, wohl aber menschlich spürbar solidarisieren. Reine Selbst-losigkeit, die das eigene Selbst in einer helfenden Begegnung außen vor lässt, wie volle Identifikation mit dem Leidenden führen zum Burn-out, dem Ausgebranntsein in der caritativen Diakonie.

Liebe als schenkende Zuwendung besitzt ein Fundament. Niemand kann einen anderen Menschen lieben, wenn er nicht zuvor geliebt wurde. „Wer Liebe schenken will, muss selbst mit ihr beschenkt werden" (DCE 7). Es ist die Tragik nicht weniger Menschen, von den Eltern nicht begehrt, d. h. nicht gewünscht worden zu sein bzw. keine Liebe empfangen zu haben. Sie sind deswegen behindert in der schenkenden Liebe. Die Entwicklungspsychologie weiß, welche gravierende Wirkung eine instabile wie eine lieblose Eltern-Kind-Beziehung für das spätere Sozialverhalten hat. Darum ist die Elternliebe grundlegend für

---

he is accurately himself in this hour of this relationship, that in this basic sense he is what he actually is, in this moment of time." Rogers, a.a.O. 1962, 126–127.

[88] „Certainly the aim is not for the therapist to express or talk out his own feelings, but primarily that he should not be deceiving the client as to himself. At times he may need to talk out some of his own feelings (either to the client, or to a colleague or supervisor) if they are standing in the way of the two following conditions." Rogers, C. R. The necessary and sufficient conditions of therapeutic personality change, in: Journal of Consulting Psychology 21(1957) Apr (2) 95–103, 97f.

[89] μετριοπαθεῖν setzt sich zusammen aus τὸ μέτρον das Maß und παθεῖν fühlen, also mit Maß sich einfühlen.

gelingendes Menschsein.[90] Die Unersetzlichkeit der Elternliebe begründet die Option des Papstes für die monogame lebenslange Ehe. Nur sie ist Grundlage der schenkenden Liebe, ohne die das mitmenschliche Miteinander einer Gesellschaft und die menschlichen Beziehungen nicht gelingen können. Ansonsten braucht es Menschen, die im Rahmen einer caritativen Diakonie diesen Mangel substituieren oder durch Therapien und persönliche Zuwendung in begrenzter Weise wieder heilen.[91] Deutlich hebt der Papst hervor: „Außer der ersten ganz konkreten Bedeutung der Hilfe für den Nächsten hat diese Tätigkeit wesentlich auch die Aufgabe, die Liebe Gottes, die wir selbst empfangen, den anderen mitzuteilen."[92] Die Eltern und liebende Mitmenschen wurden uns von Gott geschenkt (eine Gnade) und sind nicht dem eigenen Wollen entsprungen. Christen verschenken also, was ihnen zuvor geschenkt wurde.

Die Liebe ist missbrauchbar. Wird z. B. der Geliebte zum Objekt des Eros, dann degradiert er zur Ware, zum Sex-Objekt, das man kaufen kann. Zumeist wird heute der Eros von der sexuellen Liebe okkupiert und so der Geliebte auf seine biologische Dimension reduziert (DCE 5). Gelingendes Leben, erfüllte Liebe setzen einen geläuterten und gewandelten Eros voraus, so dass sich begehrende Liebe in schenkende Liebe verwandelt. Der Eros kann durch die biblische und vor allem auch christlich verfasste Liebe (Agape) gereinigt und geheilt werden, so dass die Eros-Liebe den geliebten Anderen nicht gebraucht und schon gar nicht missbraucht, sondern sich in der gemeinsamen geschenkten Liebe erfüllt. So wird der Geliebte nicht zum Objekt, sondern bleibt Subjekt der eigenen Erfahrung und

---

[90] Niemand hat sich seine Eltern selbst ausgesucht. Sie sind ein Geschenk, eine Gnade Gottes.
[91] Entsprechende Traumatisierungen der frühesten Kindheit sind durch noch so lange Psychotherapien nicht korrigierbar.
[92] Ansprache von Benedikt XVI. an die Teilnehmer eines vom Päpstlichen Rat „COR UNUM" ausgerichteten internationalen Kongresses, in: Pontificium Consilium „COR UNUM", Deus caritas est, a.a.O. 2006, 10.

Entfaltung. Der Papst sagt in einer Kommentierung seiner Enzyklika: „Ich wollte in der Enzyklika zeigen, dass das tiefste Versprechen des Eros nur dann reifen kann, wenn wir nicht versuchen, den Genuss des Augenblicks zu ergreifen. Im Gegenteil: Es solle dazu kommen, dass ‚das Glück des anderen wichtiger wird als das meinige‘“. Und er fährt fort: „Sie will dann nicht mehr nur nehmen, sondern geben, und in dieser Befreiung vom Ich findet der Mensch sich selbst und wird erfüllt mit Freude.“[93]

Dies ereignet sich in der Liebe der Eltern zu ihren Kindern und der Kinder zu ihren Eltern. Eltern sind entzückt von ihrem Baby, von ihrem Kind. Sie sehen es durch die Brille der Liebe und sind begeistert. Ein Außenstehender kann die Begeisterung und gleichzeitige Opferbereitschaft oft nur schwer nachempfinden. Der Eros zum Kind ist sexuell gereinigt – wenn keine sexuelle Erkrankung bei einem Elternteil vorliegt[94]. Eros und Agape bilden in der Elternliebe – von der Natur her – eine Einheit. Unbändige Energien setzt der Eros der Eltern zum Schutz, zur Wohlfahrt, zur Entwicklung des Kindes frei. Der Eros, die liebende Energie der Eltern ist in der Beziehung zum Kind so stark, dass selbst schwerste Belastungen ausgehalten und erduldet werden, angefangen von den Trotzphasen über die Pubertät bis hin zur Ausnutzung der Eltern, zu Misshandlungen der Eltern durch die eigenen Kinder[95] und zu radikaler Trennung der Kinder von den Eltern u. a. Die Liebe des barmherzigen Vaters zu seinem Sohn (Lk 15, 11–32), der sein Erbe verprasste und ein dekadentes Leben führte, ist ein Beispiel für den väterlichen Eros zu seinem Kind. Nur

---

[93] Vgl. „Benedikt kommentiert Benedikt“ in der Zeitschrift „Famiglia Cristiana“, in: www.kath.net v. 02. 02. 2006.

[94] Nicht nachvollziehbar ist sexueller Missbrauch von Kindern in der eigenen Familie wie überhaupt von Kindern. Der normale Mensch erkennt darin eine schwere psycho-soziale Erkrankung, deren Auswirkung sofort zu verhindern ist.

[95] Rund 50.000 zu Haus betreute, ältere Pflegebedürftige werden in Deutschland z. B. psychisch oder körperlich von den pflegenden Familienangehörigen misshandelt, vgl. W. Hener, Gepflegt und misshandelt, in: caritas 95 (1994) 564–565.

schwer lässt sich diese schenkende Zuwendung des Vaters, also seine Agape nachvollziehen. Eros und Agape sind im Verhalten des Vaters miteinander verbunden und bilden eine Wirk-Einheit.

Auch bei jedem normalen Erwachsenen ruft der Anblick eines Kindes oder eines jungen Menschen wie aber auch eines befreundeten Mitmenschen Sympathie und Freude hervor, die sich sofort, ja automatisch in eine helfende und zuwendende Reaktion verwandelt, wenn das Kind oder der Freund Hilfe benötigt.

Umgekehrt prägt die Natur den Eros, die Liebe der Kinder zu den Eltern und zu anderen Bezugspersonen wie z. B. zu den Erzieherinnen im Kindergarten. Diese Liebe ist normalerweise frei von sexueller Begehrlichkeit,[96] ist tiefste Wertschätzung. Das Jesus-Wort „Wenn ihr nicht umkehrt und wie die Kinder werdet, könnt ihr nicht in das Himmelreich kommen" (Mt 18,3) weist auf diese vom positiven Eros geprägte kindliche Liebe hin. Kinder haben – in einer normalen Eltern-Kind-Beziehung – eine große Bewunderung für ihre Eltern, Großeltern, u.a., sind stolz auf ihre Eltern und erzählen begeistert von ihren Eltern. Ihr Eros ist es, der ihre Agape, ihre schenkende und helfende Liebe zu den Eltern bis hin zu den Leid- und Noterfahrungen der Eltern motiviert. Insofern ist die Familie tatsächlich Urtyp der Liebe. Wenn die Kirche die „Familie Gottes in der Welt" bzw. „Gemeinschaft der Liebe" sein soll, dann muss sie von einer Liebe, die Eros und Agape in diesem Sinne verbindet, geprägt sein und an der Familien-Liebe Maß nehmen.

In Folge des Sündenfalles finden wir „die Liebe nicht einfach schön und bereit vor".[97] Sie ist zu läutern und muss

---

[96] Selbstverständlich kennt die Psychoanalyse den Ödipuskomplex, z. B. die fehlgeleitete Liebe des Ödipus zu seiner Mutter, und erkennt darin Ursachen des psycho-sozialen Krankseins bzw. die Entstehung einer schweren Neurose, die es zu therapieren gilt.

[97] Vgl. „Benedikt kommentiert Benedikt" in der Zeitschrift „Famiglia Cristiana", a.a.O

neu wachsen. Im Urereignis des Sündenfalls dominierte die begehrliche Liebe und verdrängte die schenkende und kreative Liebe in den Beziehungen der Menschen untereinander wie in der Beziehung zur natürlichen und kulturellen Lebenswelt. So müssen die Menschen nach Meinung des Papstes die Eros-Agape-Liebe wieder „langsam lernen, sodass sie immer mehr all unsere Kräfte umfasst und uns den Weg zum rechten Leben öffnet."[98] Der beste Lernort dafür ist eine gelingende Familie, da sie die optimalen Voraussetzungen zur Einübung mitbringt. Somit führt Eros zur Ekstase, d. h. nicht zu einem „rauschhaften Augenblick", sondern gemeint ist: „Ekstase als ständiger Weg aus dem in sich verschlossenen Ich zur Freigabe des Ich, zur Hingabe und so gerade zur Selbstfindung, ja, zur Findung Gottes" (DCE 6), wie es die Eltern- und Kinderliebe zeigt. Doch Liebe ist nicht nur Gefühl, sie ist mehr als ein Gefühl, „es gehören auch der Wille und die Vernunft dazu". Außerdem: „Gefühle kommen und gehen. Das Gefühl kann eine großartige Initialzündung sein, aber das Ganze der Liebe ist es nicht" (DCE 17). Eros und Agape schließen ein Wollen ein. Dies kann sogar – auch gegenüber leidenden Menschen – geboten sein (DCE 16–18).

3.1.4 Eros in der helfenden und heilenden Zuwendung zum Nächsten

Die „schenkende Liebe" Agape und die „begehrende Liebe" Eros gehören zusammen. „Wenn Eros zunächst vor allem verlangend, aufsteigend ist – Faszination durch die große Verheißung des Glücks –, so wird er im Zugehen auf den anderen immer weniger nach sich selbst fragen, immer mehr das Glück des anderen wollen, immer mehr sich um den anderen sorgen, sich schenken, für ihn da sein wollen." Umgekehrt „ist es aber auch dem Menschen unmöglich, einzig in der schenkenden, absteigenden Liebe zu leben. Er kann nicht immer nur geben,

---

[98] Ebd.

er muss auch empfangen. Wer Liebe schenken will, muss selbst mit ihr beschenkt werden" (DCE 7). Dies ist eine Erfahrung, die jeder Helfer der Caritas, sei er hauptamtlich oder freiwillig engagiert, erfahren darf.

Wie eminent praktisch dies für die soziale Caritas ist, macht der Papst in seiner Ansprache vor der Veröffentlichung der Enzyklika deutlich: „Der göttliche Eros ist nicht nur eine unanfängliche kosmische Kraft. Er ist Liebe, die den Menschen geschaffen hat und sich zu ihm hinunterbeugt, wie sich der barmherzige Samariter zu dem verwundeten und beraubten Mann hinuntergebeugt hat, der am Wegrand der Straße von Jerusalem nach Jericho lag."[99]

Gemäß dem Vorbild der Liebe Gottes zu den Menschen soll der Mensch die begehrende Liebe in eine hingebende Liebe wandeln, d. h. sein Leben für die anderen leben. So wie sich dies als „Wirk"-lichkeit Gottes in jeder Eucharistiefeier ereignet. Im Blick auf die Mitfeier der Eucharistie besagt dies für den Christen: „Eucharistie, die nicht praktisches Liebeshandeln wird, ist in sich selbst fragmentiert" (DCE 14). „Glaube, Kult und Ethos greifen ineinander als eine einzige Realität" (DCE 14). Nächstenliebe ist mehr als bloße Moral. Darum bilden Eucharistie und Diakonie in der Kirche des Westens wie die Ostens eine Einheit.[100]

Der menschlich affektiven Verarmung helfender Beziehungen stellt der Papst eine Option der caritativen Herzensbildung entgegen. Ein heute oft anzutreffendes Hilfeverständnis fühlt sich eher einer apathischen, nüchternen Zuwendung verpflichtet, so wie es die psychotherapeutischen Richtungen der Psychoanalyse oder des

---

[99] Ansprache von Benedikt XVI. Pontificium Consilium „COR UNUM", Deus caritas est, a.a.O. 2006, 7–11.

[100] Vgl. Pompey, H., Caritas professionell jedoch „häretisch" – Liturgie feierlich jedoch folgenlos? Zur inneren Verbundenheit von Diakonie und Eucharistie sowie von Glauben und Liebe, in: Haslbeck, B., Günther, J. (Hg.), Wer hilft, wird ein anderer – Zur Provokation christlichen Helfens – Festschrift für Isidor Baumgartner, Berlin 2006, 99–121.

Behaviorismus optieren. Diese therapeutischen Schulen fordern eine „gleichschwebende Aufmerksamkeit"[101], d. h. eine kontrollierte, übertragungsfreie Hilfebeziehung bzw. eine rationale, objektive Verhaltensanalyse. Das dient zwar dem Selbstschutz des Helfers, ist aber christlich, d. h. christo-logisch zu wenig. So hebt die Enzyklika hervor: „Ich muss dem anderen [gemeint ist der Leidende], damit die Gabe [sei es ein helfendes Wort oder eine helfende Gabe] ihn nicht erniedrigt, nicht nur etwas von mir, sondern mich selbst geben, als Person darin anwesend sein" (DCE 34). Nicht allein die helfenden Inhalte [sei es das helfende Wort oder eine helfende Gabe], sondern ebenso die helfende personale Beziehung ist entscheidend. Am ehesten findet sich das in der Enzyklika vertretene Verständnis für eine helfende personale Zuwendung – wie sich bereits zeigte – in der humanistisch-psychologischen Therapieschulrichtung, z. B. in den therapeutischen Basisvariablen: persönliche Echtheit und Offenheit, wertschätzende Akzeptanz des Klienten und mitfühlendes Verstehen; wobei Vertretern anderer therapeutischer Behandlungsweisen (der Psychoanalyse/ Tiefenpsychologie und des Behaviorismus) ein caritativer und personaler Charakter ihrer helfenden Zuwendung nicht in jedem Fall abgesprochen werden soll.

Aus dem caritativen Gottesverständnis erschließt der Papst für die caritative Diakonie der Kirche und der Christen eine leiden-schaftliche Dimension und verleiht der caritativen Sendung der Kirche und damit der Kirche insgesamt eine lehramtlich noch nie so artikulierte Dynamik. Das Leitbild der caritativen Beziehung eines helfenden Menschen zu einem leidenden Mitmenschen, sei es ein mehrfachbehindertes Kind oder ein multimorbider älterer Mensch, ist damit nicht nur geprägt von Mitleid, sondern ebenso von Enthusiasmus und von Faszination. Dies konkretisiert der Theologe Adam mit einem Beispiel, um die „Wirk"-lichkeit des Eros in der sozialen

---

[101] Vgl. Laplanche, J., Pontalis, J.-B., Das Vokabular der Psychoanalyse, Frankfurt a. M. 1998[14].

Diakonie zu verdeutlichen: „Die Liebe der Barmherzigen Schwester zu ihrem Pflegekind wird damit, dass sie es auch mit fühlbarem Affekt liebt und liebkost, nicht schlechter, sondern natürlicher und daher wertvoller. Selbstverständlich ist dabei vorausgesetzt, dass dieser sinnliche Affekt von der geistigen und übernatürlichen Liebe durchseelt ist, und dass sie diese Zuneigung nicht nur einzelnen Lieblingen, sondern allen ihren kindlichen Schutzbefohlenen zukommen lässt. Ja auch die Gottesliebe ist nicht rein abstrakt und spiritualistisch."[102] Es ist eine verständliche und praktische Übersetzung des theologischen Verständnisses des Eros i.S. der Botschaft der Enzyklika für die sozial-caritative Diakonie.

Mit seiner Option für eine leib-hafte caritative Zuwendung, die im Eros gründet, werden vom Papst Motivationen und Wärmeströme für die helfenden Beziehungen freigesetzt. Durch diese Akzentsetzung erhält die caritativ helfende und heilende Beziehung einen stark personalen und zugleich attraktiven Charakter, der nicht nur vom Verstand, von moralischen Imperativen, sondern von der Herzensbildung her geprägt ist. Was die Worte: „B-armherzig-keit", d.h. den Armen zu herzigen, oder der lateinische Begriff „Miseri-cordia", d. h. für die Elenden ein Herz zu haben, zum Ausdruck bringen. Die Agape transformiert den Eros, gibt ihm eine besondere Ausrichtung und der Eros transformiert die Agape, d. h. verleiht ihr Herzensdynamik und Herzenserkenntnis: „Liebe und Licht sind ein Einziges. Sie sind die ursprüngliche schöpferische Kraft, die das Universum bewegt", zitiert der Papst in Anlehnung an Dante in seiner Kommentierung der Enzyklika.[103]

---

[102] Adam, a.a.O. 149.

[103] *„Der göttliche Eros ist nicht nur eine unanfängliche kosmische Kraft. Er ist Liebe, die den Menschen geschaffen hat und sich zu ihm hinunterbeugt, wie sich der barmherzige Samariter zu dem verwundeten und beraubten Mann hinuntergebeugt hat."* Ansprache von Benedikt XVI. in: Pontificium Consilium „COR UNUM", Deus caritas est, a.a.O. 2006, 8.

Wer für das Wahre, das Schöne und das Gute im Menschen sensibel ist und für die Offenbarungen Gottes im Menschen, wird Göttliches im Menschen entdecken und Gott begegnen. Der Papst erschließt so der helfenden und schenkenden Agape die Dynamis des Eros im Denken, Reden und Handeln. Liebe vermehrt die soziale Sehkraft und ist nicht nur Sehbedingung der Gerechtigkeit. Die vom positiven Eros geleitete Agape beschenkt den Helfer mit Kraft und verbraucht in der helfenden Zuwendung nicht nur Lebensenergie.

Das Wahre, Schöne und Gute sind seit der platonischen Philosophie Erfahrungsweisen der Präsenz des Göttlichen. Dies in der Begegnung mit Leidenden zu entdecken – sich nicht nur vom Ekel oder von Unverständnis sowie von Schuldvermutungen usw. betreffen zu lassen – eröffnet der caritativen Diakonie einen offenen, sympathischen (d. h. mit-leidenden) humanen Blick. Es geht darum, das „uti et frui", d. h. das gegenseitige Nützen und Genießen mit dem Leidenden, gemeinsam zu entdecken.[104] Das ist nicht nur legitim, sondern entspricht der humanen Qualität einer Beziehung.[105] Das Helfen darf und soll Freude bereiten. Nicht von ungefähr zeigen Erhebungen unter Freiwilligen, dass zu den wichtigsten Motivationen des Helfens die Freude am Helfen zählt.[106] So gilt es, gemeinsam mit dem Leidenden das verbliebene Schöne des Lebens zu genießen, z. B. am Fest und an der Gastfreundschaft der armen Menschen in Entwicklungsländern sich mitzufreuen und ihre Gastlichkeit nicht als Verschwendung zu beklagen (vgl. die Salbung Jesu durch die Sünderin, Lk 7,36–50).

---

[104] Vgl. Pompey, H., Caritas als lebensteilige, freie Vergeblichkeit – Caritas-philosophische Grundlagen des Helfens, in: Pompey, H. (Hg.), Caritas – Das menschliche Gesicht des Glaubens: Ökumenische und internationale Anstöße einer Diakonietheologie, Würzburg 1997, 72–91.
[105] Vgl. Pompey, H., Caritas als lebensteilige, freie Vergeblichkeit, a.a.O. 1997.
[106] Wohlfarth, A., Ehrenamtliches Engagement heute, Reihe „Studien zur Theologie und Praxis der Caritas und der Sozialen Pastoral", Pompey, H., Roos, L. (Hg.), Bd. 4, Würzburg 1995/1997².

Von daher lassen sich die Optionen des Papstes bezüglich der unumgänglichen „Herzensbildung" neben der fachlichen Kompetenz (DCE 31a) verstehen und begründen. Es geht um liebevolle Lebens- und Leidensteilung, also nicht um Charity i. S. einer großzügigen Hilfe dank eigener Wohlhabenheit oder dank eigener beruflicher Privilegien. Das Wiederentdecken der Eros-Agape-Liebe bedeutet somit ein Wiederentdecken der Menschlichkeit. Doch damit stellt sich die Frage: Was soll in einer helfenden Beziehung geschehen, wenn der dynamisierende Eros sich nicht einstellt, wenn ein Helfer, eine Helferin ehrlichen Herzens keine „Herzensgüte" schenken kann? In seiner zweiten Kommentierung der Enzyklika geht Benedikt darauf ein: „Können wir wirklich den Nächsten lieben, der uns so fremd und oder direkt unsympathisch ist? Ja, wir können es, wenn wir Freunde Gottes sind. Wenn wir Freunde Christi sind, dann wird uns immer klarer, dass er uns geliebt hat und uns liebt, selbst wenn wir oft unseren Blick von ihm abwenden und unser Leben nach anderen Dingen ausrichten."[107] „Wenn jedoch seine Freundschaft für uns immer wichtiger und maßgeblicher wird, dann werden wir auch jene lieb haben, die er lieb hat und die meine Hilfe brauchen. Er will, dass wir die Freunde seiner Freunde sind, und wir können das, wenn wir uns innerlich sehr nahe sind."[108] Lieben-können und Lieben-wollen sind sich nicht ganz fremd. Die Liebe ist „nicht nur Gefühl, es gehören auch der Wille und der Verstand dazu". Wir lernen sie langsam, „sodass sie immer mehr all unsere Kräfte umfasst und uns den Weg zum rechten Leben öffnet."[109] Liebe ist christo-logisch i. S. einer sich bewusst und frei hingebenden Agape zu kultivieren, um die auch Jesus im Garten Gethsemani ringen musste.

Es ist wohl die größte Herausforderung des Eros: Jesus, der in jedem Leidenden präsent ist – wie er es in der End-

[107] Vgl. Benedikt kommentiert Benedikt in der Zeitschrift „Famiglia Cristiana" a.a.O.
[108] ebd.
[109] „Famiglia Cristiana" a.a.O.

gerichtsrede (Mt 25,31–46) gesagt hat –, zu entdecken und dabei nicht nur Jesus, sondern den konkret Leidenden mit Herzensgüte zu lieben. Das setzt eine positive erotische Wachheit voraus, die ihrerseits Gespräch und Begegnung einschließt, die die Schönheit und Liebenswürdigkeit dieser Beziehung wahrnimmt, die die Größe und Heroik des Schicksals an sich herankommen lässt und Betroffenheit wie Respekt auslöst, die nicht den Leidenden zum Zweck der Gottesliebe missbraucht. Das kann eine Gratwanderung sein. Es ist zu beachten, dass es für einen Christen theo-logisch nicht möglich ist, zwischen Christus und einem leidenden Menschen zu trennen. Psycho-logisch muss die Hilfe natürlicherweise ganz dem konkret leidenden Menschen gelten, wenn die caritative Diakonie ihre Kraft entfalten will. Ein Leidender darf nicht als Chance und Möglichkeit für die eigene Gottesliebe missbraucht werden. Johannes Paul II. ruft ausdrücklich dazu auf, den Menschen in seiner Ganzheit und in aller Konsequenz als je persönlichen und eigenständigen Wert zu sehen, als Subjekt: „Man muss den Menschen um seiner selbst willen bejahen und nicht wegen eines anderen Motivs oder einer anderen Begründung. Einzig und allein um seiner selbst willen."[110] Der anziehende Eros muss dem Patienten, dem Leiden gelten. Wir dürfen theologisch gewiss sein, dass Gott uns dann in diesem Leidenden begegnet und wir ihn durch den Leidenden lieben.

Ein Beispiel mag das Problem verdeutlichen: Eine Schwester wird nach einer gelungenen Heilung von einem Patienten, der nach einem schweren Autounfall wieder genesen ist, wenige Tage vor der Entlassung gefragt: „Ohne Ihren Mut, Ihre Zuversicht, Ihre Freundlichkeit wäre ich nie wieder gesund geworden. Warum und wieso sind Sie mir mit so viel Güte, Herzlichkeit und Hoffnung beigestanden?" Die religiös geprägte Schwester antwortet: „Ich habe in Ihnen Christus gesehen und Christus gedient." In den folgenden Tagen erleidet der Patient unerwartet einen Rückfall und sein Krankenhausaufenthalt muss

---

[110] Vgl. seine Rede vor der UNESCO 1980.

verlängert werden. Das Beispiel zeigt, wie verhängnisvoll es sein kann, wenn eine menschfreundliche helfende Beziehung zur Gotteserfahrung „gemacht", d. h. in diesem Sinne verstanden wird.[111]

Die Schwester hätte ebenso sagen können: „In der Tat, ich wurde von einer Hoffnung, einer liebenden Sorge und einem Mut erfasst. Ihr Schicksal hat mich so bewegt, ich konnte fast gar nicht anders als so zu sein, wie ich war. Es ging etwas von Ihnen aus, was mich und meine helfende Zuwendung so heilvoll hat sein lassen. Für mich war da mehr im Spiel, etwas, was ich nur von meinem Glauben her verstehen und deuten kann. Es fiel mir überhaupt nicht schwer, Sie mit Herzlichkeit zu akzeptieren und stellvertretend Mut für Sie zu haben. Dies habe ich nicht bewusst gewollt, sondern es trat mir in Ihrer Person entgegen, lag in Ihnen drinnen, kam auf mich zu. Auch jetzt spüre ich den tiefen Wunsch, möge diese Ihre innere wie die von außen kommende Kraft sich noch weiter in Ihnen entfalten, damit Sie Ihr Leben wieder so einrichten können, wie es vor dem Unfall war." In dieser oder einer ähnlichen Form ließe sich die gemachte religiös-menschliche Beziehungserfahrung thematisieren, ohne rein kognitiv eine theologisch-hermeneutisch „richtige" Erklärung abzugeben.

Vielleicht kann das Konzil von Chalkedon (451) helfen, die Gotteserfahrung im leidenden Menschen bzw. den kritischen Sachverhalt theologisch besser zu verstehen. Sieht man das Göttliche und Menschliche nur „ungetrennt", d.h. als Einheit, als ein und dasselbe, dann ist das theologisch falsch. Eine solche Sicht wird Gott und dem Menschen nicht gerecht. Sieht man das Göttliche und Menschliche im Leidenden nur „unvermischt", dann heißt das, man sieht bzw. man erfährt radikal getrennte und nicht verbundene „Wirk"-lichkeiten, d.h. Christus

---

[111] Lässt man sich auf die religiöse Qualität einer solchen Erfahrung ein und spürt nach, was sich zwischen HelferIn und Kranken ereignet, und sieht die Zweipoligkeit der Christusgegenwart in der helfenden Beziehung, d.h. im Leidenden, wie aber auch im Helfer, dann hätte der Rückfall nicht eintreten müssen.

auf der einen und den Menschen getrennt auf der anderen Seite. Das ist ebenfalls falsch. Im Leidenden sind das Menschliche wie das Göttliche, seine Person und Jesus zugleich „unvermischt" und „ungetrennt" voll anwesend. Der begehrende Eros wie die schenkende Agape zu Gott und zum leidenden Menschen lassen sich nicht trennen, obschon Gott und Mensch unbestreitbar zwei Personen sind. Die Schwester hat die Gotteserfahrung im Leidenden vorwiegend ungetrennt gesehen und nicht zugleich die unvermischte „Wirk"-lichkeit genügend erspürt und artikuliert.[112] Außerdem ist klar, dass wir die „Wirk"-lichkeit der Gottespräsenz nicht produzieren können, d. h. weder im Helfer noch beim Kranken. Sie ereignet sich aus Gnade, „sola gratia", beim Helfer wie beim Kranken. Zur Diakonie als Ort der Jesus-Liebe lässt sich also sagen: Es ist möglich, die Gegenwart Gottes bzw. die Gegenwart Jesu zu spüren, die dem Leidenden und dem Helfer Kraft gibt. Beide dürfen vom Optimismus Jesu getragen sein, dass bereits hier und jetzt – zumindest anfanghaft – das Leben trotz allem gelingen kann, weil das Reich Gottes, das Reich des Friedens, der Gerechtigkeit und des Lebens mit Jesus angebrochen ist. Christlich caritative Hilfe gibt Zeugnis von dieser Hoffnung, von einer ansteckenden Hoffnung, die sich von einer Befreiung aus Not im Hier und Jetzt bis zur Hoffnung auf das endzeitliche Lebens-

---

[112] Wichtig ist es, sich spirituell bewusst zu sein, dass Jesus nicht nur im Kranken/Leidenden wirkt, sondern gleichzeitig auch im Helfer. In der sozial-diakonischen Caritas begegnet und begleitet der einzelne Christ nicht nur dem leidenden Gottesknecht, sondern ebenso wird der/die einzelne Helfer/in für den Leidenden gleichzeitig zum helfenden Christus, d.h. „in persona Christi" handeln und für den Leidenden zum Heil werden. Die doppelte sakramentale Gegenwart Christi im Leidenden wie in den Helfern stellt eine spirituelle Kraft dar, die dem geschenkt wird, der sie glaubt und sensibilisiert bzw. kultiviert. So ist Christus auf beiden Seiten real am Werk. Vgl. Pompey, H., Theologisches Verständnis von Leben und Leiden, von Solidarität und Helfen – Ein caritativ-diakonisches Credo, in: Pompey, Heinrich (Hg.), Caritas – Das menschliche Gesicht des Glaubens: ökumenische und internationale Anstöße einer Diakonietheologie, Reihe „Studien zur Theologie und Praxis der Caritas und Sozialen Pastoral", Bd. 10, Würzburg 1997, 321–357, 351.

glück spannt,[113] von der Hoffnung wider alle Hoffnung (Röm 4,18)[114].

Die schenkende Liebe bedarf zur Entfaltung ihrer ganzen humanen Kraft der erosbedingten Begeisterungsfähigkeit, Leidenschaftlichkeit, Zuneigung, der menschlichen Wärme und Herzensgüte. Die begehrende Liebe ist tragendes und dynamisierendes Element der Agape, der schenkenden Liebe. Der Eros-Agape-Charakter der Beziehung des Menschen zu sich, zum Nächsten, zur Natur und zu den Lebenswelten sowie zu Gott begründet praktisch, und zwar rational wie emotional, den Lebenssinn eines Menschen. Wer in einem Eros-Agape geprägten Beziehungsnetz lebt, stellt lebenspraktisch keine Sinnfrage, da eine caritativ geprägte und gelebte Beziehungserfahrung dem Geber wie dem Beschenkten einen tiefen und auch emotional erfahrbaren Sinn verleiht. So weiß z.B. eine kranke, vielleicht morbide ältere Großmutter, die im regen Kontakt mit ihren Enkelkindern steht, worin der Sinn ihres aktuellen – wenn auch leidgeprägten – Lebens besteht, weil sie ihren Lebenssinn täglich in ihrer Eros-Agape-Beziehung zu den Enkelkindern erlebt. Die Antwort auf ihre Lebenssinnfrage ereignet sich kommunikationspsychologisch auf der Beziehungsebene und lässt sich erst nach dieser Beziehungserfahrung auf der Inhaltsebene erklären.

Aus all dem wird deutlich, dass Caritas der Kirche und des Christen sich nicht auf soziale oder körperliche Unterstützung allein begrenzen kann. Der christliche Glaube ist im tiefsten Beziehungsrealität, d. h. ein Bundesgeschehen. „Gottes- und Nächstenliebe sind untrennbar" (DCE 18). Mit der Option für eine Theologie der caritativen Beziehung legt der Papst die unumgänglichen

---

[113] Vgl. Röm 8,18–25.

[114] Vgl. Pompey, H., Religiosität und christlicher Glaube bei der Begleitung von Schwer- und Todkranken, in: Koch, U., Lang, K., Mehnert A., Schmeling-Kludas, Ch. (Hg.), Die Begleitung schwer kranker und sterbender Menschen – Grundlagen und Anwendungshilfen für Berufsgruppen in der Palliativversorgung, Stuttgart 2006, 146–159.

Grundlagen für die helfende caritative Diakonie. Nicht die Glaubensindoktrination, sondern die personal vermittelte und gelebte Glaubenserfahrung entfaltet eine helfende und heilende Dynamik. Darum betont Benedikt XVI. im Blick auf eine helfende Beziehung: „Ich muss dem anderen … mich selbst geben, als Person darin anwesend sein" (DCE 34).

3.1.5 Glaube, Hoffnung und Liebe als helfende Kraft und Weisheit

a. Die von einer tiefen Herzensgüte geprägte helfende Zuwendung ist „not-wendig" beispielsweise angesichts des unverhofften herz-losen Hereinbrechens der Arbeitslosigkeit in ein erfülltes Berufsleben, einer lieb-losen Trennung von vertrauten Menschen und Lebensräumen wie einem glücklichen Familienleben oder der grauenvollen Botschaft einer irreversiblen Erkrankung in ein psycho-physisch gesundes Leben etc. Diese mit einer Lebenskatastrophe bzw. mit einem Lebenskonflikt verbundene Herzensnot steht dem Papst vor Augen; denn neben den äußeren Verletzungen und Beschwerlichkeiten schlagen solche Ereignisse *innere Wunden,* die vielfach schwer zu heilen sind. Angesichts solcher *leidvoller Erfahrungen* können Menschen nicht mehr an das Gutsein ihres Lebens glauben, nicht mehr auf eine lebensvolle Zukunft hoffen und können sich und ihr Leben nicht mehr liebevoll bejahen. Ihr Lebensurvertrauen ist zerstört.

Der Papst endet seine caritas-theologischen wie caritaspraktischen Reflexionen der Enzyklika folgerichtig mit dem Hinweis auf die göttlichen Tugenden: Glaube, Hoffnung und Liebe (DCE 39) als tragende Spiritualität des menschlichen Miteinanders wie des menschlichen Helfens und stellt Heilige der Caritas als „Lichtträger … des Glaubens, der Hoffnung und der Liebe" vor (DCE 40). Die Enzyklika weist zudem auf die innere Verbundenheit der drei göttlichen Tugenden hin: „Glaube, Hoffnung und Liebe gehören zusammen" (DCE 39). Sie stellen eine ungetrennte Wirkeinheit dar und lassen sich zugleich als unvermischte, d. h. in sich wirkende Elemente hinsichtlich ihrer Relevanzen für die caritative Diakonie des Helfens und Heilens verdeutlichen. Dies ist wichtig, schließlich geht es dem Papst darum „*die Liebe zu verwirklichen*", damit das Licht und, so ließe sich in seinem Sinne sagen, die Wärme Gottes in die Welt eintreten kann (DCE 39). Eine caritative Diakonie hat *Glaube, Hoffung und Liebe* in Leidenssituationen zu revitalisieren (DCE 39). Wenn auch mit anderen Worten, lädt die Enzyklika (DCE 39; DCE 41) darum alle Helfenden ein sich zu vergegenwärtigen, was Jesus den Leidenden schenken und den Helfenden vermitteln möchte. So ist es notwendig, dass ein Helfer für einen Leid-Betroffenen in dessen hoffnungs-loser und lieb-loser Lebenslage stellvertretend wider alle Hoffnung für ihn hofft und den Leidenden wegen der Lieblosigkeit seiner Notlage liebt und – trotz aller Bosheit der Lebenssituation – vom tiefen Gutsein des Betroffenen und seines Lebens überzeugt bleibt. Liebende Selbst-Akzeptanz und gegenseitige Annahme wie glaub-hafte und hoffnungs-volle Selbstgewissheit möchte die geistliche Heilung bei Notleidenden ermöglichen, sei es in der Erfahrung eines ausweglosen Leids, der absoluten Armut, der Migration oder sei es in der Erfahrung des psycho-physischen Leids der Verlassenheit, der Traurigkeit oder einer Krankheit. Die Stellvertretung im Glauben an Gottes gute „Wirk"-lichkeit im Leben eines Menschen – i. S. eines existentiellen Aktes ohne Worte –, ein Hoffen auf eine Zukunft trotz allen Leids, das über einen Menschen hereingebrochen ist, und ein stellvertretendes Lieben trotz Erfahrung von Ablehnung und Ausgrenzung kann nur als Dienst, also demütig geschehen (DCE 35, 39), d. h. dien-mutig, i. S. eines Dienens, das von Mut getragen ist. Es geht um die Stellvertretung im Glauben, die nicht aufgibt, auch wenn die Revitalisierung des Glaubens bei einem Notleidenden an das Gutsein (= Gott-Geprägtsein) seines Lebens und die Hoffnung wie die Liebe in seiner Lebenssituation blockiert sind. Den Mut als Helfer und Helferin nicht zu verlieren heißt, Geduld zu haben (DCE 39). Mit Druck und Gewalt ist eine Revitalisierung des Lebensurvertrauens in Form von Glauben, Hoffnung und Liebe nicht wiederherzustellen.

Diese „Wirk"-lichkeit der drei göttlichen Tugenden Glaube, Hoffnung und Liebe zeigt überdies, wie entscheidend es ist, nicht „was geglaubt wird" (fides quae creditur) sondern „wie et-was geglaubt wird" (fides qua creditur). Die den Fachexperten der caritativen Diakonie vom Hl. Vater dringend nahegelegte „Herzensbildung" (DCE 31a) ist eine Operationalisierung dieser Tugendwirklichkeit. Die daraus resultierende Zuwendung der „Herzensgüte" beinhaltet, gegenüber einem Leidenden liebe-voll (sein Herz zu öffnen) und gütig zu sein (an das Gute zu glauben). Somit umfasst die caritative Diakonie neben den fachlichen Qualifikationen des Helfens und Heilens die Beziehungsqualität der „Herzensbildung" bzw. Herzensgüte (DCE 31a). Die Lebenswahrheit (z. B. das fachliche Wissen) und die Lebenskraft (Glaube und Liebe), d. h. Ratio et Fides gilt es zum Wohl der leidenden und suchenden Menschen zu mobilisieren. Dabei dient die Ratio der Wahrheitsfindung, d. h. der sachlichen wie fachlichen Richtigkeit des Handelns, die Eros-Liebe verleiht der caritativen Diakonie die mobilisierende, dynamische und durchhaltende Kraft.

Brechen Glaube, Hoffnung und Liebe in einem Menschen zusammen, dann verlöscht seine Lebensenergie (Lebenskraft) und entschwinden seine Lebensvisionen, seine Lebensideen und seine Lebensorientierungen (Lebensweisheit). Sind Menschen ausgebrannt oder befinden sich in einer Lebensgrenzsituation, dann sagen sie oft: „Ich habe keine Kraft mehr, ich kann nicht mehr!" und „Was soll das Ganze, was hat dies Leben noch für einen Sinn?" Ihre Lebenskraft und ihr Lebenssinn kollabieren. Benedikt XVI. zeigt so, warum er für eine geistliche Begleitungskompetenz auch bei den caritativen Helfern optiert (DCE 21). Aus diesem Grund entfaltet Benedikt XVI. den Glauben und die daraus resultierende Liebe als Quelle der „not-wendigen" Lebenskraft und der Lebensweisheit und lädt zu einer vertiefteren caritas-theologischen Reflexion der therapeutischen Wirkungen von

Glaube, Hoffnung und Liebe unter Berücksichtigung von Demut und Geduld ein.[115]

Die erkennende Weisheit (Sophia) – auf der Basis der Ratio – und die attraktive Kraft (Dynamis) – auf der Basis der Liebe – tragen und prägen das Wirken Jesu. Nicht umsonst fragen die Menschen seiner Zeit: „Woher hat er diese *Kraft und Weisheit*, Wunder zu tun" (Mt 13,54). Ferner wird von Jesus berichtet: „Und die *Kraft* des Herrn drängte ihn dazu, zu heilen" (Lk 5,17). Auch Paulus versteht Christus als Kraft und Weisheit: „Wir dagegen verkünden Christus als den Gekreuzigten: für Juden ein empörendes Ärgernis, für Heiden eine Torheit, für die Berufenen aber, Juden wie Griechen, Christus, *Gottes Kraft und Gottes Weisheit*" (1 Kor 1,24).[116] Unbestritten ist der Eros in der liebenden Zuwendung ein entscheidendes Kraftpotential und neben der Weisheit relevant für die Wirkung einer helfenden und heilenden Zuwendung.[117] Sicher ist in diesem heil-vollen Geschehen die Kraft des Geistes Gottes stets größer als die des Eros des Menschen. Doch der Eros des Menschen hat an der Dynamis des Geistes Anteil.

b. Ferner hebt Benedikt XVI. hervor, dass die Diakonie des Glaubens, Liebens und Hoffens ihre volle Kraft und Inspiration nur communial entfaltet, d.h wenn die helfende Beziehung und der Leidende mitgetragen sind von einer „Gemeinschaft der Liebe" (DCE Überschrift 2. Teil), so wie sie die Enzyklika im Blick auf die Gemeinden der Kirche und ihrer Gemeinschaften optiert. Gravierende Krankheiten, große materielle Not, Arbeitslosigkeit, Migration usw. grenzen Menschen aus ihren Lebensgemein-

---

[115] Vgl. Pompey, H., Religiosität und christlicher Glaube bei der Begleitung von Schwer- und Todkranken, a.a.O. 2006.

[116] Christus trug schon früh den Titel der All-mächtige und All-Weise.

[117] Vgl. Pompey, H., Geistlicher Impuls. Glaube, Hoffnung und Liebe als Kraft und Weisheit einer helfenden Diakonie, in: Zeitschrift für medizinische Ethik 49 (2003) 299–301; ders., Sterbebegleitung aus der Kraft und Weisheit des christlichen Glaubens, in: Lebendiges Zeugnis 60 (2005) 193–205.

schaften aus, so z.B. eine schwere Erkrankung mit Kran-
kenhaus- und Rehabilitationsaufenthalt bzw. Pflegeheim
aus der Familie, eine Kündigung aus dem Betrieb in die
Arbeitslosigkeit, eine Flucht aus der Heimat in ein frem-
des Land und zu fremden Menschen, Verarmung aus den
Lebenswelten der Mitmenschen in den Lebensverzicht
etc. Menschen wieder Heimat zu geben, mit Leidbetroffenen in Kontakt zu bleiben etc. sind wichtige communi-
niale Hilfen, die die Gemeinde als „Gemeinschaft der
Liebe" den Menschen ermöglichen sollte.

c. Durch sein Kommen in die Zeit erfüllt Christus die
Sehnsucht nach Erlösung aus Schuld und Leid und gibt
Zeugnis vom Glauben Gottes an das Gutsein und das
grundsätzliche Gott-ähnlich-Sein des Menschen[118] sowie
von Gottes Liebe zu den Menschen, die die Lieb-losig-
keit der Sünde und des Leids der Menschen überwindet.
In der caritativen Nachfolge Jesu teilen einzelne Christen
und die gemeindliche Caritas der Kirche – wie Jesus bei
seiner Geburt – die Not der absoluten Armut (die Armut
im Stall zu Bethlehem) und das Schicksal der Wohnungs-
losigkeit (Herbergssuche) und Heimatlosigkeit (Flucht
vor Herodes nach Ägypten) mit den Ausgegrenzten.
Die Kirche und der einzelne Christ nehmen in ihrer caritativen Diakonie mit den betroffenen Menschen das psycho-soziale Leid der Verzweifelten, der Verlassenen, der
Mutlosen und Hoffnungslosen auf sich – wie Jesus im
Garten Gethsemani – und sind bei denen, die wie Jesus
in seinem Verhör und seiner Hinrichtung auf Golgatha
körperliches Leid – sei es durch Folter oder qualvolles
Sterben – konkret zu ertragen haben. Die stellvertretend

---

[118] Gott kann als All-Wissender und All-mächtiger nicht im menschli-
chen Sinne glauben. Da jedoch das griechische Wort πίστιν, d.h. glau-
ben, auch „in Treue einem anderen verbunden sein" und damit „von dem
Gutsein des anderen überzeugt sein" bedeutet, lässt sich vom Glauben
Gottes an das Gutsein des Menschen sprechen. In diesem Sinne ist das
„Εχετε πίστιν θεοῦ" (Mk 11,22) i. S. von „Habt den Glauben Gottes"
(genitivus subjectivus) verstehbar. Es muss folglich nicht nur heißen:
„Habt den Glauben an Gott" (genitivus objectivus).

diakonisch durch die Helfer gelebte und im eigenen Leben kultivierte Teilhabe an der caritativen Lebenskraft und Lebensweisheit Jesu kann einem Leidenden helfen, die Grenzerfahrungen seines Lebens leichter zu ertragen und vielleicht zu trans-zendieren, d. h. zu überschreiten.[119] So gibt Christus sein Leben hin und fordert die Menschen zur caritativen Hingabe ihres Lebens auf, um die Menschen zu erlösen und zu befreien.

Vom christo-logischen Hintergrund der Inkarnation, d.h. der Menschwerdung Christi, geht der Papst auch auf die Theodizee-Frage (i. S. einer legitimen Pro-vokation Gottes) ein, d. h. auf die Ijob-Klage „über das unbegreifliche und augenscheinliche nicht zu rechtfertigende Leiden, das in der Welt existiert" (DCE 38). Eine rationale Antwort gibt es auf die Theodizee-Frage, auf die Pro-vokation Gottes nicht. Die vom Papst zitierte theologische Antwort Augustins lautet: „Si comprehendis, non est Deus – Wenn du ihn verstehst, dann ist er nicht Gott" (DCE 38). Wenn es auch eine rational erklärende Antwort nicht gibt, so zeigt Jesus doch zwei caritas-praktische Reaktionsmöglichkeiten bzw. Antworten im Blick auf diese Situation auf:

Der auch vom Papst erinnerte Schrei Jesu am Kreuz: „Eli, Eli, lema sabachtani? das heißt: ‚Mein Gott, mein Gott, warum hast du mich verlassen?'" (Mt 27, 46) macht die radikale Ohn-Macht Jesu deutlich, wie sie jeder Mensch in äußerster Not und extremem Leid des Lebens ähnlich empfindet. Der Schrei Jesu am Kreuz – als Reaktion auf seine Not und Verzweifelung – erlaubt dem Helfer sich mit Jesus Christus auf die Seite des Leidenden zu stellen und ebenfalls laut klagend – sei es stellvertretend oder gemeinsam mit dem Betroffenen – zu rufen: Mein Gott, mein Gott, warum hast du mich, uns, ihn verlassen? Al-

---

[119] Vgl. Pompey, H., Religiosität – Ein Element der Lebens- und Leidbewältigung bei TumorpatientenInnen. Empirische Befunde und ihre Bedeutung für die psychosoziale Patientenbegleitung, in: Camillianum 9 (1998) 227–252; ders., Religiosität und christlicher Glaube bei der Begleitung von Schwer- und Todkranken, a.a.O. 2006.

so die Not der Gottverlassenheit vor Gott zu tragen, sie herauszuklagen und sich dadurch seelisch zu entlasten.

Eine andere, ebenfalls praktische Antwort – angesichts unverstehbaren Leids – gibt Jesus bei der Frage seiner Jünger, ob eine Sünde das Leid des Blindgeborenen hervorgebracht hat (Joh 9,1–41), d. h. nach dem Tun-Ergehen-Zusammenhang. Jesu Antwort lautet: „Weder er noch seine Eltern haben gesündigt, sondern das Wirken Gottes soll an ihm offenbar werden. Wir müssen, solange es Tag ist, die Werke dessen vollbringen, der mich gesandt hat; es kommt die Nacht, in der niemand mehr etwas tun kann. Solange ich in der Welt bin, bin ich das Licht der Welt." Griechisch lautet der Kernsatz: „ἀλλ' ἵνα φανερ̂ωθῇ τὰ ἔργα τοῦ θεοῦ ἐν αὐτῷ" (Joh 9,3–5). Leid ist also eine Herausforderung der Werke bzw. des Wirkens Gottes. Wenn Gott die Liebe ist, dann kann sein Wirken nur ein Wirken aus Liebe sein. Nicht die retrospektive Frage nach der Sünde als Leidensursache ist für die Leidbewältigung entscheidend, sondern das Leid des Blindgeborenen soll die Werke Gottes, d. h. Taten der Liebe, offenbaren. Diese Aussage Jesu hat nicht nur eine Bedeutung für die aktuelle Heilung des Blindgeborenen; sie besitzt eine generelle Relevanz auch für andere Leiderfahrungen. Leid und Not stellen eine Aufforderung an Christen und ihre Gemeinden zur caritativen Diakonie dar. Die Botschaft einer Krankheit, einer Lebenskatastrophe ist somit ein Aufruf zur Liebe i. S. einer Prospektion und nicht zur Sündenanalyse i. S. einer Sündenanalyse.[120]

Bei beiden Reaktionsmöglichkeiten: dem lauten Klagen des Betroffenen und der caritativen Zuwendung des Helfenden bleibt inhaltlich die Antwort auf die retrospektive Warum-Frage nach den Ursachen eines Leids offen. Andererseits sind die beiden prospektiven, praktischen

---

[120] Bei seinem Helfen und Heilen spricht Jesus immer wieder die Sündenvergebung zu, ohne retrospektiv eine große Sündenanalyse vorzunehmen. Anderseits weist er prospektiv eindrucksvoll die Leidenden darauf hin, nicht wieder der Sünde zu verfallen.

Antworten auf eine Leidensklage nach den Vorgaben Jesu christo-logisch wie theo-logisch. Es gibt zwar keine rationale, inhaltliche Antwort auf die Ijob-Fragen – theologisch gesprochen auf der „fides-quae-creditur-Ebene" – wohl aber auf der praktischen, der „fides-qua-creditur-Ebene" des Glaubens, der sog. caritativen Beziehungsebene.

Mit den dargelegten Überlegungen überlässt der Papst die Eros-Liebe als energievolle Zuwendung zu leidenden Menschen weder der hedonistisch-sexuellen Vermarktung und Propagierung noch der Schuld- und Sündentheologie. Die vorgelegte Rückbesinnung des Papstes folgt der bis zum Mittelalter vorherrschenden Tradition der prospektiven *Tugendethik* und nicht der durch die Reformatoren der Neuzeit geprägten retrospektiven Schuld- und Sündenethik[121]. Seine Überlegungen stehen dem positiven Denken nahe, aus dem sich eine Verstärkung der positiven Anlagen im Menschen ergibt, um so dem Gelingen des Lebens – trotz Leid und Not – zu dienen. Caritas als Tugend hat in der Geschichte der Kirche Einrichtungen, Dienste und Werke der Barmherzigkeit hervorgebracht. Die Einrichtungen der christlichen Caritas sind historisch keine Folge von Sühneleistungen bzw. einer Schuld- und Bußethik, sie sind Schenkungen aus Liebe zu den Mitmenschen.[122]

---

[121] Vgl. Pinckars, S., Christus und das Glück – Grundriss der christlichen Ethik, Göttingen 2004.

[122] Die Dotationen der mittelalterlichen Hospitäler sind vorrangig Stiftungen aus caritativem Geist, so wie es beispielsweise die Stiftungsurkunde der Armensiedlung der Familie Fugger in Augsburg zeigt: *„so fühlen wir uns verpflichtet, den überaus großen Reichtum, den uns Gott geschenkt hat, gerade diesem wieder zurückzugeben. Deshalb haben wir aus Frömmigkeit und Freigebigkeit, damit dieselbe zum Vorbild diene, unseren wackeren aber armen Mitbürgern 106 Häuser übergeben ..."* Stiftungstafel in der Kirche der Fuggerei.

3.2 Martyria, Leiturgia und Diakonia – Leitbegriffe der caritativen Communialität

3.2.1 Diakonisches Selbstverständnis der Kirche

Benedikt XVI. ist es ein großes Anliegen, die *caritative Hilfe* nicht allein als Aufgabe des einzelnen Christen darzustellen, sondern sie als zentralen *Dienst der Kirche* deutlich zu machen. In seinem Kommentar zur Enzyklika hebt er hervor, „dass der völlig persönliche Akt der Agape niemals etwas rein Individuelles bleiben darf, sondern vielmehr ein wesentlicher Akt der Kirche als Gemeinschaft werden muss, d. h., er bedarf auch der institutionalisierten Form, die sich im gemeinschaftlichen Handeln der Kirche äußert. Die kirchliche Organisation der Caritas ist keine Form der Sozialhilfe, die zufällig der Wirklichkeit der Kirche hinzugefügt wird, eine Initiative, die man auch anderen überlassen könnte."[123] Die Enzyklika spricht vom „opus proprium", auf das die Kirche nicht verzichten kann und das sie nicht an andere gesellschaftliche Gruppen oder an den Staat abtreten darf.

a. Der im Konzil bereits angedeutete und in der Würzburger Synode deutlich formulierte[124] dreifache Dienst der Kirche: *Martyria* (Verkündigung), *Leiturgia* (Feier der Eucharistie und der Sakramente) und *Diakonia* (Sorge um Gerechtigkeit und Barmherzigkeit) wird durch die Enzyklika lehramtlich begründet und vertieft. Der dreifache Dienst wird als Wirkeinheit beschrieben, der zu einer vertiefenden theologisch-ekklesiologischen Reflexion dieser *Wesensvollzüge der Kirche* einlädt, insbesondere ihrer Wesensverbundenheit untereinander. So weist der Papst auf die Gleichwesentlichkeit der Diakonie im Zusammenwirken mit den anderen Grunddiensten hin. Dadurch er-

---

[123] Pontificium Consilium CoR UNUM, Deus caritas est – Dokumentation des Internationalen Kongresses über die christliche Liebe, Vatikan 2006, 7–11,8.

[124] Gemeinsame Synode der Bistümer in der Bundesrepublik Deutschland, Die pastoralen Dienste in der Gemeinde, Nr. 2.2.1, Freiburg 1976, 604.

fährt die caritative Diakonie eine starke ekklesiologische Aufwertung. Die Wirkeinheit der caritativen Diakonie als Element der drei *Grunddienste der Kirche* wird nicht nur als Funktion, als Aufgabe, sondern als *Wesensausdruck der Kirche* beschrieben: „Das Wesen der Kirche drückt sich in einem dreifachen Auftrag aus: *Verkündigung* von Gottes Wort (kerygma-martyria), *Feier* der Sakramente (leiturgia), *Dienst* der Liebe (diakonia). Es sind Aufgaben, die sich gegenseitig bedingen und sich nicht voneinander trennen lassen. Der Liebesdienst ist … unverzichtbarer Wesensausdruck ihrer selbst" (DCE 25a).

Neben der Realpräsenz Jesu im Sakrament und im Wort wird die Präsenz Jesu im leidenden Menschen verdeutlicht, so wie es Jesus in seiner Endgerichtsrede selber getan hat (Mt 25,31–46). Diese Gleichwesentlichkeit der Gotteserfahrung im leidenden Menschen – analog zur Gotteserfahrung im Wort und im Sakrament – ist bislang als Aussage des Lehramtes nicht so klar zu hören gewesen. Theologische Aspekte zur Unterscheidung der Gotteserfahrungen im Sakrament und im Wort gegenüber einer Gotteserfahrung im Leidenden werden in der Enzyklika nicht thematisiert. Es besteht jedoch ein Unterschied zwischen der realen Präsenz Jesu im konsekrierten Brot und Wein der Eucharistie und der realen Präsenz Jesu im Leidenden. Im konsekrierten Brot und Wein berührt der Mensch Christus real, direkt. Der Leidende bleibt dagegen als Person existent, d. h., es kommt nicht zu einer Wesensverwandlung des Leidenden in die Person Jesu. Die helfende caritative Zuwendung gilt dem konkreten Kranken und Notleidenden, auch wenn sie Ikonen Christi sind. Ein gläubiger Christ begegnet mit dem Leidenden, in dem Leidenden und durch den Leidenden Christus real. Es kommt nicht zu einer Wesensverwandlung (Transsubstantiation). Substantiell bleibt die Person des Leidenden existent und verwandelt sich nicht in die Person Christi. Anderseits wird Christus durch eine helfende Zuwendung berührt. Das aufgezeigte Beispiel der Schwester, die im Kranken vorrangig Christus dienen wollte, zeigt die Notwendigkeit dieser Differenzierung.

Im Vergleich zu anderen Weltreligionen ist die Vorstellung, Gott im leidenden Menschen begegnen zu können, singulär. Für manche Religion ist es sogar ein Skandalon (vgl. 1 Kor 1,23). Fernöstlichen Religionen wie Hinduismus und Buddhismus ist Leid die Gegenwelt zur kosmischen Transzendenz. Vermutlich erklärt das Verständnis der Präsenz Jesu im Leidenden die besondere Dynamik der caritativen Diakonie der Christenheit im Vergleich zu anderen Weltreligionen.[125]

b. Insbesondere wird die elementare christo-logische bzw. soterio-logische *Verbundenheit von Leiturgia und Diakonia* aufgezeigt. Die caritative Hingabe des Sohnes an den Vater für die Menschen – so wie sie immerwährend in der Eucharistiefeier präsent ist (DCE 13–18) – findet in der caritativen Hingabe eines Menschen zu leidenden Menschen ihre Fortsetzung. „Durch ihn, mit ihm und in ihm"[126] geschieht in der Eucharistie die Hingabe an den Vater. Dies hat ebenso durch die caritative Diakonie des Einzelnen wie der Kirche zu geschehen. Die Liebe Gottes erfährt durch das Hingabe-Opfer Christi eine neue Qualität, die sich realpräsent in der Eucharistiefeier ereignet und sich in der Hinwendung zu den Armen und Leidenden bleibend fortsetzen soll.

Der Gottes-Dienst soll zum Menschen-Dienst hinführen, wie die sonntägliche Liturgie verdeutlicht. Nachdem der Priester am Ende des Gottesdienstes mit dem Segen die im Wortgottesdienst empfangene Lebensweisheit des Evangeliums und die mit dem eucharistischen Mahl empfangene Lebenskraft Christi zusammenfasst und den Menschen zuspricht, ruft der Diakon: „Ite missa est", d. h.: Jetzt ist Eure Sendung! (das Wort Messe kommt vom lateinischen Wort mittere, d. h. senden). Das heutige „Gehet hin in Frieden" ist als Konsequenz aus der Hingabe des Sohnes an den Vater in der Eucharistie viel

---

[125] Vgl. Pompey, H., Helping and solidarity in other world religions, in: Spiritus – Lux – Caritas, Hg. Deaconical Institution of Lahti, Lahti 1999, 113–129.

[126] Vgl. Canon der Messe.

zu schwach formuliert. Mit der Darstellung des Jüngsten Gerichts an den Hauptportalen der alten Kathedralen des Mittelalters wird der Gottesdienstbesucher nachmals an seine Sendung, d. h. den nun beginnenden Menschen-Dienst erinnert. Häufig waren gegenüber den Haupteingängen der Kathedralen die Spitäler zum Heiligen Geist gebaut, wo jeder Gläubige Kranken und Armen caritativ dienen konnte.[127] So vermag niemand zu sagen: „Ich habe Dich nicht gesehen" (Mt 25,44).

Es wäre zu wenig, die von Christus in der Gerichtsrede proklamierten Werke der Barmherzigkeit auf soziale oder physische Hilfen zu reduzieren.[128] Schließlich heißt „B-arm-herzigkeit", den Armen zu herzigen und nicht nur die Armen durch Almosen zu unterstützen. Der „karitative Einsatz hat einen Sinn, der weit über die bloße Philanthropie hinausgeht", erklärt Benedikt XVI.[129] „Gott selbst ist es, der uns in unserm Inneren dazu antreibt, das Elend in der Welt zu lindern. Und auf diese Weise bringen wir ihn, Gott selbst, in die Welt. Je bewusster und klarer wir ihn als Geschenk bringen, desto wirkungsvoller wird unsere Liebe die Welt verwandeln und in ihr Hoffnung erwecken: eine Hoffnung, die über den Tod hinausgeht."[130] „Die kirchliche Caritas ist nicht einfach eine bestimmte Form sozialer Betreuung, die der Realität der Kirche rein zufällig aufgestülpt wird, eine Initiative, die auch andere ergreifen könnten. Sie ist vielmehr Bestandteil des kirchlichen Wesens."[131] Caritas ist „Frucht des Glaubens".[132] Es

---

[127] Vgl. Pompey, H., Die Glaubensbotschaft des Münsters zu Freiburg. Beispiele seiner Licht-, Zahlen- und Raumsymbolik, in: Lebendige Katechese 1 (2002) 19–25.

[128] Vgl. Dybowski, St., Barmherzigkeit im Neuen Testament – Ein Grundmotiv caritativen Handelns, in: Horn, J.-Ch., Pompey, H. (Hg.), „Die Liebe Christi drängt uns" Bd. 1, a.a.O. 2006, 60–79.

[129] Benedikt XVI., Ansprache beim Internationalen Kongress „Doch am größten unter ihnen ist die Liebe" des Päpstlichen Rates Cor Unum Rom, in: ZENIT.org v. 23. 01. 2006.

[130] Ebd.

[131] Ebd.

[132] Benedikt XVI., Ansprache beim Internationalen Kongress, a.a.O., in: ZENIT.org v. 23. 01. 2006.

gilt, Leidenden physisch und geistlich zu helfen, d. h. sie zu stärken und zu inspirieren, und nicht allein materiell und physisch zu unterstützen.

So hat sich caritatives Engagement im Namen Christi auf der ganzen Welt zu fragen, ob das Helfen theo-logisch caritativ geprägt ist. Ob innerlich bei den Mitarbeitern oder innerhalb einer Dienstgemeinschaft das gelebt wird, was äußerlich die Facheinrichtungen und ehrenamtlichen Dienste mit dem Symbol des Flammenkreuzes und dem Wort Caritas versprechen. Es geht nicht darum, die göttlich inspirierte Liebe verbal kundzutun, sondern sie aktuell zu leben. Der implizite caritative Geist einer Einrichtung bzw. eines Dienstes ist wichtiger als seine explizite Leitbildformulierung. Es geht um eine Spiritualität des Heiligen Geistes, so wie sie die mittelalterliche Caritas verstand.[133] Das Wirken des Geistes ist ebenso zu kultivieren wie die Fachlichkeit von den Einrichtungsträgern gefördert wird.[134] Die religiöse Verwurzelung der Liebe im Glauben gilt es zu sensibilisieren.

c. Die Verbindung der *Verkündigung* – i. S. von Martyria und Mission – *mit der Diakonie* oder von caritativem Engagement und Evangelisation wird in der Enzyklika sehr sensibel reflektiert (DCE 31c). Es geht um „eine glückliche Verbindung von Evangelisierung und Liebeswerk", so wie sie nach Meinung des Papstes beispielsweise in verschiedenen neuen kirchlichen Gemeinschaften anzutreffen ist (DCE 30). Kernpunkt bzw. Kriterium jeder Verkündigung ist es, von der Liebe Gottes zu den Menschen Zeugnis zu geben, und zwar in Tat und Wort (Paul VI.).[135] Denn dem Wort wird nur geglaubt, wenn es durch die Tat bzw. das Leben bezeugt wird, darum ist die

---

[133] Eindrucksvolle Zeugen dieser Spiritualität sind die Hymnen zum Heiligen Geist, die im Mittelalter parallel zu den Hospitälern zum Hl. Geist entstehen, z.B. „Veni, Creator Spiritus", 9. Jhdt., oder „Veni Sancte Spiritus", um 1200.

[134] Vgl. Horn, J.-Ch. „Der Geist ist's der lebendig macht", Bd. 1, a.a.O. 2006, 80–121.

[135] Paul VI., Evangelii nuntiandi, a.a.O. 1975, n. 6.

caritative Diakonie ein vorrangiges Element der Verkündigung. Die Lebensverkündigung geht der Wortverkündigung voraus. In seiner Ansprache vor der Bekanntgabe
der Enzyklika erklärt Benedikt XVI. das Verhältnis von
Verkündigung und caritativer Diakonie wie folgt: „So
wie dem göttlichen ‚Logos' die menschliche Verkündigung, das Wort des Glaubens, entspricht, genauso muss
der ‚Agape' – die Gott selbst ist – die ‚Agape' der Kirche entsprechen, ihre karitative Tätigkeit. Diese Tätigkeit
vermittelt nämlich – einmal abgesehen von ihrer ersten
höchst konkreten Bedeutung der Hilfe für den Nächsten – den andern die Liebe Gottes, die wir selbst empfangen haben. In diesem Sinn muss sie den lebendigen
Gott sichtbar machen."[136] Er beschreibt für die Caritas
der Kirche einen wahrzunehmenden Qualitätsanspruch.
Dieser setzt voraus: „In der karitativen Einrichtung dürfen ‚Gott' und ‚Christus' keine Fremdwörter sein, denn
in Wirklichkeit verweisen sie ja auf die Quelle, aus der
die kirchliche Caritas hervorgeht. Die Wirksamkeit der
‚Caritas' hängt von der Glaubenskraft all ihrer Mitglieder und Mitarbeiter ab."[137] So ist der caritativ kultivierte
Glaube für Benedikt XVI. „conditio sine qua non" für
eine aktive Mitarbeit in der kirchlichen Caritas. Doch
wie lässt die fachlich organisierte Caritas der Kirche ihre
Mitarbeiter an dieser Glaubensinspiration teilhaben?
Die Entscheidung für den Glauben und für die Kirche setzt
Freiheit voraus, sei es für die Mitwirkenden wie für die
Leidbetroffenen. Folglich ist jedes Überreden, jedes Helfen
mit Hintergedanken und entsprechenden Nachdrücklichkeiten abzulehnen (DCE 31c). Andererseits soll die Liebe
des Helfers den Leidenden anstecken, sich trotz Leid und
Not wieder zu lieben und seine Mitmenschen auch. Cari-
tativ geprägte Christen zeigen, dass Gott in seiner Liebe in
Hilfesituationen präsent ist, und bezeugen lebenspraktisch
ihren Glauben an den liebenden Gott. Die Zurückhaltung

---

[136] Benedikt XVI., Ansprache beim internationalen Kongress a.a.O.,
in: ZENIT.org v. 23. 01. 2006.
[137] Ebd.

in der verbalen christlichen Deutung des eigenen Helfens und der Verzicht auf eine direkte christliche Überzeugung des Leidenden macht christlich gelebtes caritatives Helfen nicht leichter. Es stellt sogar höhere und zudem sehr persönliche Ansprüche an die Mitarbeiter; denn es geht um ein eindeutiges Lebenszeugnis, wenn nicht unbedingt um ein Wortzeugnis. In diesem Sinne ist der Wunsch von Kardinal Meisner nach mehr „Eindeutigkeit des christlichen Tatzeugnisses" in der Caritas von Kardinal Meisner zu verstehen.[138] Caritas ist unbestritten Martyria, d. h. ein eindeutig wahrnehmbares Verhalten, wenn auch keine manipulierende direkte Mission. „In diesem Sinne erweisen sich Gottes- und Nächstenliebe als Visitenkarten der Christgläubigen."[139] Vielleicht ist das fehlende, zumindest nicht wahrnehmbare christliche Profil caritativer Dienste und Einrichtungen Ursache dafür, dass nach den Untersuchungen der Heidelberger Sinus Sociovision GmbH die Kirche jenseits der loyalen Kirchgänger mit ihren Angeboten und Einrichtungen wie Krankenhäusern, Kindergärten und Caritas im Alltag „schlichtweg nicht wahrgenommen" wird.[140]

Mit der Akzentuierung der drei Grund-„wirk"-lichkeiten der Kirche wird der Diakonie ein „wesentlicher" Beitrag zur Entwicklung der Gemeinschaft (Koinonia) der Kirche zugesprochen. So wie die Liturgie die Koinonia mit Gott kultiviert – durchaus verstanden im Sinne von Kult – so kultiviert die Diakonia die Koinonia der Menschen untereinander (vgl. DCE 20–22, 25). Liturgie und Diakonie sind Ausdruck der gelebten Martyria der *Caritas Dei,* die durch die verdeutlichende Martyria des Wortes bestärkt wird.[141]

---

[138] Vgl. Kardinal Meisner, J., Caritas ist Zeugnis des Heils – Die caritative Sorge um das zeitliche Wohl der Menschen muss immer zugleich auf deren ewiges Heil hinweisen, in: Caritas in NRW, Nr. 3, 2006, 4–5, 4.

[139] Ebd.

[140] Vgl. Wippermann, C., Magalhaes, I. de, Zielgruppen-Handbuch – Religiöse und kirchliche Orientierungen in den Sinus-Milieus 2005, München/Heidelberg 2006, 10.

[141] Vgl. Pompey, H., Theologisches Verständnis von Leben und Leiden, a.a.O. 1997, 349ff.

d. Sodann definiert der Papst die Kirche als „Gemein-schaft der Liebe" und greift zur Konkretion auf die ur-kirchliche Erfahrung der Koinonia zurück: „Alle, die gläubig geworden waren, bildeten eine Gemeinschaft und hatten alles gemeinsam. Sie verkauften Hab und Gut und gaben davon allen, jedem so viel, wie er nötig hatte" (Apg 2,44–45). Lukas berichtet, dass zu den Wesenselementen der Kirche das Festhalten an der „Lehre der Apostel" und die daraus resultierende „Gemeinschaft" (koinonia), das „Brotbrechen" und das „Gebet" gehören (vgl. Apg 2, 42) (DCE 20).

Das vom II. Vaticanum in seiner Dogmatischen Kirchen-konstitution formulierte Mysterium der Kirche wird hier sichtbar: „Die Kirche ist ja in Christus gleichsam das Sakrament, das heißt Zeichen und Werkzeug für die innigste Vereinigung mit Gott wie für die Einheit der ganzen Menschheit."[142] Zeichen und Werkzeug für diese Gemeinschaft mit Gott und für die Vereinigung der Men-schen zu sein, ist Auftrag der Kirche. Ähnlich wie es die Lebensaufgabe des einzelnen Christen ist, Gott und die Mitmenschen zu lieben. Koinonia ist also keine Funktion der Kirche. Koinonia mit Gott ist Frucht der caritativen Kultivierung der Beziehung zu Gott durch die liturgische Kommunikation. Die Koinonia mit den Menschen ereig-net sich durch caritativ-diakonische Kommunikation und Interaktion in der Zuwendung zum Nächsten.[143]

Der Beitrag der Diakonie zum Gelingen der Gemeinschaft der Menschen untereinander wird konkret beschrieben: „Ihre Gemeinschaft besteht eben darin, dass die Gläubi-gen alles gemeinsam haben und dass es den Unterschied zwischen arm und reich unter ihnen nicht mehr gibt (vgl.

---

[142] Zweites Vatikanisches Konzil, Dogmatische Konstitution über die Kirche, Nr. 1.

[143] Die von vielen deutschen katholischen Pastoraltheologen favo-risierte Einbeziehung der Koinonia als 4. Grundfunktion der Kirche entstammt dem Verständnis einer Praktischen Theologie, wie es der protestantische Mainzer Theologe Gert Otto in den 70er Jahren ver-treten hat. So wurde die Liturgie in der protestantischen Praktischen Theologie durch Koinonia ersetzt.

auch Apg 4,32–37). Diese radikale Form der materiellen Gemeinschaft ließ sich freilich beim Größerwerden der Kirche nicht aufrechterhalten. Der Kern, um den es ging, blieb aber bestehen: Innerhalb der Gemeinschaft der Gläubigen darf es keine Armut derart geben, dass jemandem die für ein menschenwürdiges Leben nötigen Güter versagt bleiben" (DCE 20).

Die Option der Urgemeinde assoziiert Vorstellungen eines caritativen Quasi-Sozialismus – selbstverständlich mit ganz anderen Voraussetzungen und Praxiskonsequenzen als sie im Sozialismus bzw. Kommunismus gegeben waren. Ebenso erinnert sie an Vorstellungen der Befreiungstheologie im Blick auf die soziale Bedeutung der Gemeinden. Caritas ist nicht nur Auftrag nach außen, sondern ebenso nach innen. Es geht um den caritativen und zugleich communialen Charakter der Kirche und ihrer Gemeinschaften, um die *caritative Corporate Culture:* „Kirche als Familie Gottes muss heute wie gestern ein Ort der gegenseitigen Hilfe sein und zugleich ein Ort der Dienstbereitschaft für alle der Hilfe Bedürftigen" (DCE 32). Der sozial-caritative Dienst innerhalb der Gemeinde hat sich ebenso nach außen, d. h. für alle Menschen, zu öffnen. Pastoralkonzepte für das gemeindliche Zeugnis der Caritas wie die pastorale Ausbildung der gemeindlichen Mitarbeiter, seien sie Priester oder Laien, sind dementsprechend zu akzentuieren.[144] Es ist zu fragen, wie eine Gemeinde eine caritative Qualität nach innen entwickeln kann angesichts der großflächigen Pfarrverbände, Seelsorgeeinheiten etc. Zumindest sind Gruppen und Gemeinschaften in einer Gemeinde caritativ zu kultivieren.[145] Es geht nicht allein um eine Face-to-face-Caritas, sondern ebenso um eine communiale Caritas, die den durch Krankheit und Not Ausgegrenzten Heimat bietet.

[144] Vgl. Abel, P., Organisationsentwicklung im Gemeinwesen – eine diakonische Aufgabe, in: Horn, J.-Ch., Pompey, H. (Hg.), „Die Liebe Christi drängt uns" (2 Kor 5,14), Bd. 3, a.a.O. 2006, 191-216.

[145] Vgl. Pompey, H., Die sozial-caritative Chance von großgemeindlichen Seelsorgeeinheiten, in: Windisch, H. (Hg.), Seelsorgeeinheiten und kooperative Pastoral, Freiburger Texte Nr. 38 (1999) 77–96.

3.2.2 Kirche und Gemeinde als „Gemeinschaft der Liebe"

Seine Option: Kirche als „Gemeinschaft der Liebe" verdeutlicht der Papst mit der Aussage: „Die Kirche ist Gottes Familie in der Welt" (DCE 27b). Mit dieser Formulierung gibt er der Kirche als Gemeinschaft der Liebe einen tiefen caritativ-theologischen Charakter und spricht ihr eine affektive Beziehungsqualität zu: z. B. eine Eros-Agape-geprägte mitmenschliche Verbundenheit, ein caritatives Aufeinander-verwiesen-Sein, einen verstehenden und verzeihenden Charakter i. S. einer barmherzigen Liebe, ein Miteinander-Teilen von Leben und Leiden usw.

Es geht dabei nicht allein um gegenseitiges Anteilnehmen, Mitfühlen und Verstehen. Kirche und Gemeinden als caritative Gemeinschaft stellen ebenso ein Kraftpotential dar, das die Kräfte des Einzelnen angesichts seiner Lebensherausforderungen und Problembewältigungen weit überschreitet. Das Gleiche gilt für die Handlungs-Kreativität, die angesammelte Lebenserfahrung und die Lebensideen etc., die sich in einer caritativen Gemeinschaft potenzieren. So spendet die Kirche Lebensenergie und verfügt über große Lebensweisheit, damit die Menschen in Freud' und Leid „das Leben haben und es in Fülle haben" (Joh 10,10). Das war das Ziel der Menschwerdung Jesu. Damit ist die Kirche als Gemeinschaft der Liebe das wichtigste Lebensgeschenk Gottes an die Menschen, um die Menschen an der Erlösungstat Jesu teilhaben zu lassen. Wenn es der Kirche, ihren Gemeinden und Gemeinschaften gelingt, den ihnen zukommenden caritativen Charakter und die ihnen verliehene caritative Qualität zu entfalten, werden sie für alle Leidenden und Bedrängten zur befreienden Heimat werden, die den Menschen Lebensenergie schenkt und Lebensperspektiven eröffnet.

So erfüllt eine Pfarrei ihre Sendung, „Gemeinschaft der Liebe" bzw. „Gottes Familie in der Welt" zu sein. Sie entspricht der *fundamentalsten Sehnsucht des Menschen,* geliebt zu werden und nicht allein zu sein, insbesondere in Situationen des ausweg-losen Leids. Der Papst motiviert die Christen mit seinem caritativen Kirchenverständnis, eine neue *caritativ-familiäre Gemeinschaftskultur* in den Gemeinden zu entwickeln und sich caritativ energetisiert und inspiriert den Leidenden des eigenen Lebensraumes zuzuwenden. Mit der Überschrift: „Das Liebestun der Kirche als einer ‚Gemeinschaft der Liebe' (DCE 19, ebs. 14 und 15) beschreibt er die Kernbotschaft des zweiten Teiles seiner Enzyklika. Hauptadressat ist die Kirche als Gemeinschaft der Liebe. Sie wird als caritativ handelndes Subjekt verstanden, damit sich Gottes heiliges Volk in der Liebe vollendet.[146]

Caritatives Handeln besitzt einen ekklesiologischen Charakter. Caritatives Helfen wird als Teilhabe an der caritativen Sendung der Kirche verstanden. Die Individuozentrik, die face-to-face-orientierte caritative Diakonie wird communial bzw. ekklesiologisch erweitert. Im Fokus der Gedanken des zweiten Teils der Enzyklika steht nicht der caritative Auftrag des einzelnen Christen oder ein caritatives Engagement von Christen in sozialen Einrichtungen und Diensten des Staates bzw. eines privaten sozialen oder pflegerischen Dienstleistungsanbieters etc., sondern die Einladung zur caritativen Sendung der Kirche als Gemeinschaft, zu der die Mitwirkenden der kirchlichen Caritas ihren persönlichen, fachlichen und geistlichen Beitrag leisten: „Denn daran wird die Welt erkennen, dass ihr meine Jünger seid, wenn ihr einander liebt" (Joh 13,34). Das Glaubenszeugnis der Kirche wird erst im Zeugnis der gemeinschaftlich gelebten Liebe „glaubwürdig". Das bedeutet für die Gemeinden und für ihre Gemeinschaften, eine Kultur der caritativen Lebens- und Leidensteilung zu entfalten und Orte des freudvollen wie zugleich des leidbeladenen Lebens zu sein. Denn überall, wo Christus caritativ-communial zur Welt kommt, ereignet sich gelebte Kirche. Das ist – angesichts der Singularisierungstendenz vieler Menschen – ein großartiges Angebot. Bekanntlich sind in Deutschland 30 % aller Haushalte Single-Haushalte und in Städten wie z. B. Freiburg oder

---

[146] Vgl. Zweites Hochgebet der Eucharistiefeier, Akklamation nach der Konsekration.

Berlin sogar mehr als 50 % aller Haushalte.[147] Es ist bekannt, dass Singles mit ihrer Lebensform nicht glücklich sind, sondern eigentlich in gelingenden gemeinschaftlichen Beziehungen leben möchten. Würde es der Kirche gelingen, eine Gemeinschaft der Liebe nach innen und nach außen zu sein bzw. verschiedene caritativ geprägte Gemeinschaften in den gemeindlichen Großräumen zu begründen, dann würde sie für viele Menschen eine hohe Attraktivität erhalten.[148] Die Menschen sehnen sich nach Gemeinschaften der Liebe. Es ist auffällig, dass die neuen religiösen Gemeinschaften – vor allem im Ausland, aber auch in Deutschland – wegen ihrer spirituellen wie sozialen Komponente viele Außenstehende ansprechen. Sie bieten ihnen geistliche wie soziale Heimat. Gelingt es, die geistlichen Impulse der Enzyklika in den Gemeinden wie in den Gruppen der Gemeinden zu verlebendigen, dann wird sich das Angesicht der Kirche in der Gesellschaft schnell positiv verändern.[149] Mit den Worten des Trierer Bischofs Marx geht es um ein „neues christliches Milieu",[150] dass Christen zwar in der Welt leben, doch einen eigenen Lebensstil pflegen, der caritativ anziehend geprägt sein muss. Hier liegt ein grundlegender, innerkirchlicher Missionsimpuls für die Zukunft, zu dem die Enzyklika einlädt.

Außerdem trägt die Kirche dadurch zumindest exemplarisch zur Zivilisation der Liebe einer Gesellschaft bei. Warum der Papst in diesem Argumentationszusammenhang die programmatische Option seines Vorgängers für eine *Zivilisation der Liebe* nicht direkt aufgreift, wäre

---

[147] In Freiburg gibt es im Jahr 2000 56 753 Single-Haushalte. Das entspricht 53,3 % der Gesamthaushalte (in Deutschland sind ein Drittel aller Haushalte Single-Haushalte). Die meisten Singles sind weiblich. Die meisten Singles finden sich in der Altersgruppe von 30 bis 40 Jahren. Vgl. Badische Zeitung v. 07. 03. 2001.

[148] Der große Zulauf zu den freikirchlichen Gemeinschaften und Sekten liegt vermutlich in der Überschaubarkeit der Gemeinschaft wie in der emotionalen Beheimatung ihrer Mitglieder.

[149] Zum Beispiel im Blick auf die religiösen Milieus, wie sie Wippermann u.a., a.a.O. 2006 erhoben haben.

[150] Vgl. Konradsblatt Nr. 21, 2006, 4.

interessant zu wissen. Schließlich ist die Enzyklika ein herausragender lehramtlicher Beitrag zur konkreten Kultivierung der caritativen Zivilisation. Die durchweg positive Resonanz der Enzyklika zeigt, wie sehr sich die Menschen von heute nach einer konkretisierten Zivilisation der Liebe sehnen, d.h. nach einer caritativ geprägten Zivilgesellschaft.

Somit stellen sich pastoralpraktische *Fragen an das Gemeindeleben:* a.) Wie können die stark individuell geprägten und liturgisch ausgerichteten Gemeinden in West- und Mitteleuropa ein caritativ-communiales Gesicht erhalten? Entsprechende Handlungsperspektiven fordert die Kreativität der gegenwärtigen pastoralen Theologie heraus. Ein Blick in die Gemeindepraxis der nordamerikanischen wie der lateinamerikanischen Kirche zeigt, dass es möglich ist, dieses Ziel sowohl unter den Bedingungen einer Wohlstandsgesellschaft wie auch unter den Bedingungen einer Mangelgesellschaft zu erreichen.[151] Aus ihrem caritativ-helfenden gemeindlichen Miteinander erwächst in den amerikanischen Ländern das soziale Engagement für andere.[152] b.) Wird – so lässt sich fragen – der durch Benedikt XVI. herausgestellte Geist des Glaubens, Hoffens und Liebens den Weg der Kirche *in Deutschland* neu prägen und die spirituelle Verlebendigung der Gemeinden

---

[151] Die wohlfahrtsstaatliche Prägung der Länder Kontinentaleuropas und die damit verbundene Erwartung einer sozialen und gesundheitlichen Versorgung durch den Staat erschwert entscheidend die Entwicklung einer Solidaritätskultur der Gegenseitigkeit in den Lebensorten der Menschen.

[152] Vgl. Heidenreich, R. J., Caritatives Selbstverständnis amerikanischer Pfarrgemeinden – Gemeindeprojekte und Kooperationen mit Staat und Kommunen, in: Pompey, H. (Hg.), Caritas – Das menschliche Gesicht des Glaubens: ökumenische und internationale Anstöße einer Diakonietheologie, Reihe „Studien zur Theologie und Praxis der Caritas und Sozialen Pastoral", Bd. 10, Würzburg 1997, 248–277; Pompey, H., Die Soziale Pastoral der Dritten Welt als Herausforderung für das diakonisch-caritative Engagement einer Gemeinde, in: Günter Biemer u.a. (Hg.), Gemeinsam Kirche sein, Festschrift der Theologischen Fakultät der Universität Freiburg i.Br. für Erzbischof Dr. Oskar Saier, Freiburg 1992, 410–443; ders., Solidarität und Hilfeverhalten in den Lebensräumen der Menschen, in: Lazewski, W. u.a., a.a.O. 2000, 167–187.

in der deutschen Kirche Vorrang bekommen, so dass die seit Jahrzehnten andauernden Organisationsdebatten, z.B. um *Strukturveränderungen,* die Kräfte der Gemeindeglieder nicht mehr so stark absorbieren? Die Verengung der Revitalisierung der Kirche auf Strukturreformen seit den 70er bis 90er Jahren ist möglichst schnell durch eine Erneuerung der Kirche aus dem von Benedikt XVI. beschriebenen caritativen Geist zu überwinden. Schließlich ist *der Geist* – nach den Worten Jesu und dem Glauben der Kirche – *der eigentliche Erhalter der Kirche.* Strukturreformen allein bewirken keine innere Erneuerung und damit keinen Aufbruch in eine neue Zeit. Sie sind eine Voraussetzung, mobilisieren aber kein Engagement. Strukturreformen können Blockaden beseitigen, können Wege ebnen, dürfen aber nie das Ziel von Reformen sein. Nur der Geist ist es, der lebendig macht (Joh 6,63).

4. Teil
Die organisierte caritative Diakonie der Kirche

4.1 Das organisierte, gemeinschaftliche Liebestun im Auftrag der Kirche

a. *Die Kirche und der einzelne Gläubige* können ihre caritative *Christusnachfolge nur realisieren, wenn sie sich selbst konkret leidenden Mitmenschen zuwenden.* „Von der Übung der Liebestätigkeit als gemeinschaftlich geordneter Aktivität der Gläubigen kann die Kirche nie dispensiert werden, und es wird andererseits auch nie eine Situation geben, in der man der praktischen Nächstenliebe jedes einzelnen Christen nicht bedürfte, weil der Mensch über die Gerechtigkeit hinaus immer Liebe braucht und brauchen wird" (DCE 29). Mit anderen Worten: Eine *Gemeinde oder ein einzelner Christ kann sich nicht durch die Verbandscaritas* von der konkreten caritativen Zuwendung zu den Leidenden *dispensieren* bzw. die Notwendigkeit der Zuwendung an die Sozialpolitik delegieren. Auch für die konkrete Pfarrgemeinde ist das Zeugnis der Liebe unumgänglich. Die Kirche, die Gemeinde wie der einzelne Christ können den „Gestus der Liebe", die „Zuwendung … nicht nur über die dafür zuständigen Organisationen" umleiten oder nur „als politische Notwendigkeit" bejahen (DCE 18).

Die *Akteure der caritativen Diakonie der Kirche* sind somit der einzelne Gläubige, die Gemeinden, die Teilkirchen und die Universalkirche: „Die in der Gottesliebe verankerte Nächstenliebe ist zunächst ein Auftrag an jeden einzelnen Gläubigen, aber sie ist ebenfalls ein Auftrag an die gesamte kirchliche Gemeinschaft, und dies auf all ihren Ebenen: von der Ortsgemeinde über die Teilkirche bis zur Universalkirche als Ganzer. Auch die Kirche als Gemeinschaft muss Liebe üben. Das wiederum bedingt es, dass Liebe auch der Organisation als Voraussetzung für geordnetes gemeinschaftliches Dienen bedarf" (DCE 20). Also: Ob vorwiegend ehrenamtlich oder hauptamtlich, ob als Aufgabe des einzelnen Christen oder der Kirche als Ganzer, ob lebensraumnah oder einrichtungsbezogen, ob als Praxis einer Alltagssolidarität oder als fachliche Hilfe, stets ist eine mehr oder minder umfangreiche *Organisation erforderlich*. Unstrukturiertes, wahlloses Helfen verfehlt seine Wirkung. Eine rein spontane Caritas bündelt nicht die Kräfte und entwickelt keine Handlungsprioritäten. Trotz der caritativen Pflichten des Einzelnen wie der Kirche insgesamt müssen entsprechende Organisationen gebildet werden. Die Organisatoren wiederum sind zu einem qualitätsbezogenen Management, zur effizienten ökonomischen Verwaltung der Mittel, zur juristisch kompetenten Steuerung der sozialen oder pflegerischen Arbeit, etc. zu befähigen. Somit wird als unumgänglich herausgestellt, dass die Kirche organisierte Formen der Caritas benötigt.

b. Ausgehend vom Verständnis der Kirche, dass sie selber Subjekt ihres caritativen Tuns ist, nennt Benedikt XVI. die verantwortlichen *Träger der organisierten caritativen Diakonie der Kirche*. Als Erstes weist er auf die universal-kirchliche Verantwortung des *Päpstlichen Rates* COR UNUM hin (DCE 32), der stellvertretend für den Hl. Vater die Entfaltung von Menschlichkeit und Christentum zu fördern hat.[153] Primär ist COR UNUM die päpstliche universalkirchliche Caritasinstitution (DCE 32), durch die der Papst konkret in allen Regionen der Welt materiell und sozial hilft. Mit seiner Enzyklika stellt der Papst auch das sog. zweite große Aufgabenfeld von COR UNUM als ebenso bedeutsam heraus: die geistliche, theologische Grundlegung und Förderung des caritativen Lebens und Zeugnisses der Kirche, so wie es Paul VI. bei der Gründung dieses vatikanischen

---

[153] Der Päpstliche Rat COR UNUM zur Entfaltung von Menschlichkeit und Christsein wurde von Papst Paul VI. am 15.07.1971 errichtet.

Dikasteriums vor 35 Jahren formulierte.[154] Dem Präsidenten des Päpstlichen Rates Erzbischof Dr. Cordes wird somit durch Benedikt XVI. die Sorge um die geistlichen Grundlagen der caritativen Diakonie der Kirche in einer vertieften Weise anvertraut. Der Papst nimmt damit für sein caritatives „Ministerium" eine deutliche Akzentverstärkung vor, was für den päpstlichen Rat Cor Unum eine eindringliche Neuverpflichtung bedeutet. Das neben dem Präfekten der Kongregation für die Glaubenslehre Erzbischof W. J. Levada und dem Präsidenten des Päpstlichen Rates für Gerechtigkeit und Frieden Kardinal R. R. Marino der Präsident des päpstlichen Rates Cor Unum Erzbischof Dr. Paul Cordes im Auftrag des Papstes diese Enzyklika der Öffentlichkeit vorstellt, lässt auf eine bewusste Betonung der caritastheologischen bzw. spirituellen weltkirchlichen Verantwortung von Cor Unum schließen. Eine solche Verpflichtung zu übernehmen, dürfte dem Präsidenten von Cor Unum Erzbischof Dr. Paul Cordes nicht schwerfallen, da er sich seit seinem Dienstantritt in dieser Dikasterie weltweit durch caritastheologische Vorträge, Publikationen und Kongresse der Aufgabe mit großer Kompetenz und in eindrucksvoller Klarheit immer wieder engagiert gestellt hat.[155]

Sodann werden die *Bischöfe* auf ihre Erstverantwortung für die organisierte caritative Diakonie hingewiesen und ihnen die caritative Koinonia (Gemeinschaft) wie die caritative Diakonie (Dienst der Liebe für alle) besonders ans Herz gelegt: „Kirche als Familie Gottes muss heute wie gestern ein Ort der gegenseitigen Hilfe sein und zugleich ein Ort der Dienstbereitschaft für alle der Hilfe Bedürftigen, auch wenn diese nicht zur Kirche gehören" (DCE 32).

Im Blick der Enzyklika ist somit die notwendige *Organisation* der caritativen Diakonie der Kirche als wichtige

---

[154] Vgl. Paul VI. Apostolisches Schreiben: Amoris officio v. 15.07.1971.
[155] Vgl. Cordes, P. J., „Tuet Gutes allen" – 21 Thesen zur Caritas-Arbeit, Paderborn 1999; ders., Heilung und Sendung. Zur charismatischen Erneuerung in der katholischen Kirche, Paderborn 1999.

Aufgabe der Bischöfe angesprochen, sei es auf Pfarrei- und Bistumsebene wie auf nationaler und weltkirchlicher Ebene (DCE 20). Der Papst bringt klar zum Ausdruck, dass eine fachlich *kompetente und effiziente Caritas unbedingt der Organisation bedarf:* „Auch die Kirche als Gemeinschaft muss Liebe üben. Das wiederum bedingt es, dass Liebe auch der Organisation als Voraussetzung für geordnetes gemeinschaftliches Dienen bedarf. Das Bewusstsein dieses Auftrags war in der Kirche von Anfang an konstitutiv" (DCE 20).

Mit einem *Hinweis* auf die Apostelgeschichte belegt Benedikt XVI. die Entstehung der *organisierten Caritas in der Jerusalemer Urkirche mit der Wahl der ersten sieben Diakone:* „Mit der Bildung dieses Siebener-Gremiums war nun die ‚diakonia' – der Dienst gemeinsamer, geordnet geübter Nächstenliebe – in der grundlegenden Struktur der Kirche selbst verankert" (DCE 21). Die organisierte Caritas entfaltete sich – wie die Enzyklika beschreibt – im Laufe der Geschichte, z. B. im 3. Jahrhundert durch die römische Armenhilfe des Diakons Laurentius (+ 258), seit der Mitte des 4. Jahrhunderts durch die Mönchsklöster in Ägypten oder die Diakonieeinrichtungen Gregors d. Großen (+ 604) in Rom u.a. (DCE 23). Der Papst erinnert an Kaiser Julian den Apostaten (+ 363), der zum Heidentum zurückkehrte. Dieser wollte die Kirche dadurch ausbooten, dass er der altrömischen Religion in Analogie zum Christentum eine organisierte Liebestätigkeit verordnete (DCE 24).

Die *organisierte Fachcaritas* ist insbesondere für *Deutschland typisch.* Dank erfreulicher historischer Bedingungen konnte sich die Verbandscaritas in der spezialisierten, fachlich einmalig qualifizierten und berufsmäßig ausgeübten Weise in den letzten hundert Jahren entfalten.[156] Allein in Deutschland beschäftigt die organisierte Caritas fast 500 000 Mitarbeiter hauptamtlich. Demgegenüber ist die Caritas der Weltkirche vorrangig durch den Einsatz

---

[156] Vgl. Rauscher, A., Verhältnis von Staat und kirchlicher Caritas – Subsidiarität als Leitprinzip, in: Glatzel, u. a., a.a.O. 1991, 84–98.

von Freiwilligen geprägt.[157] So kommen in der Weltkirche im Allgemeinen – sei es in den katholischen Ländern Europas, in den USA, in Lateinamerika, in Afrika und Asien – z. B. auf einen Hauptamtlichen ca. 15 bis 20 Ehrenamtliche. In Deutschland ist das Verhältnis 1:1. Dennoch ist in allen Ländern eine Organisation der Caritas für die Sendung der Kirche unverzichtbar.

4.2 Die Sicht der organisierten Caritas

Ein theologischer Reflexionsschwerpunkt der Enzyklika stellt unbestritten die caritative Sendung der Kirche und das Selbstverständnis ihres Liebestuns für die Menschen, d. h. die konkrete caritative Diakonie der Kirche in Staat und Gesellschaft in der weltweit üblichen Form dar. Es geht um die Frage, welche Grundlagen der caritativen Sendung der Kirche im Allgemeinen bestehen und welche Relevanz diese Grundlagen für die gelebte und organisierte Caritas der Kirche besitzen. Die helfende Mitmenschlichkeit der einzelnen Gläubigen reflektiert das Lehrschreiben vorrangig im Kontext des gesamtkirchlichen caritativen Auftrags, d. h., es fokussiert primär nicht das caritative Helfen des einzelnen Christen bzw. der Vereine von Katholiken, sondern das caritative Engagement der Kirche als Communio. Darum ist die Enzyklika nicht caritativ-individuell, sondern stärker caritativ-communial geprägt.[158] Deutlich markiert das die Überschrift

---

[157] Vgl. Alvarez Lopez, H. M., Caritas Nacional de Guatemala – Pastorale Sozial-Caritas: eine kleine Bewertung und ein Beispiel aus Lateinamerika, in: Horn, J.-Ch., Pompey, H. (Hg.), „Die Liebe Christi drängt uns" (2 Kor 5,14), Bd. 3, a.a.O. 2006, 11–33; Banakh, M., Das Ehrenamt in der Ukraine und seine Rolle bei der Entwicklung einer demokratischen Zivilgesellschaft, in: Horn, J.-Ch., Pompey, H., (Hg.), „Die Liebe Christi drängt uns", Bd. 3, a.a.O. 2006, 34–60.; Schneider, J.-P., Pädagogik der Nächstenliebe – die französische Caritas und ihre Identität, in: Horn, J.-Ch., Pompey, H., (Hg.), „Die Liebe Christi drängt uns", Bd. 3, a.a.O. 2006, 113–131.
[158] Vgl. auch Baumann, K., Die Liebe ist niemals fertig und vollendet, in: Konradsblatt (2006) 7, 23.

des zweiten Teils der Enzyklika: „Caritas – Das Liebestun der Kirche als einer ‚Gemeinschaft der Liebe'". So wird deutlich, dass es primär um die Praxis der Caritas der Kirche geht und nur implizit um die des einzelnen Christen.

a. Die caritastheologische Einschätzung der sozial-diakonischen Sendung der Kirche als Ausdruck einer „Gemeinschaft der Liebe" ist – ähnlich wie andere Themen der Enzyklika – ein lehramtliches Novum. Im Sinne der Enzyklika ist also nicht nur die gemeindliche, sondern auch die verbandliche Caritas Instrument des caritativen Handelns der Kirche. Darum ist es im Sinne der Ekklesiologik der Enzyklika nicht richtig, zumindest missverständlich, wenn der deutsche Caritasverband von einem „gemeinsamen Auftrag" der Caritas *und* der Kirche spricht.[159] Die verbandliche Caritas hat keinen eigenen Auftrag, sondern nimmt am caritativen Sendungsauftrag der Kirche teil. Es stehen sich bei der Aufgabenbestimmung nicht zwei gleichwertige Partner – wie z. B. zwei unterschiedliche Kirchen oder Sozialverbände – gegenüber.
Die organisierte Caritas besitzt eine *unverzichtbare Relevanz für die Sendung die Kirche und ist nicht delegierbar,* selbst nicht an einen Privatverein von Katholiken und schon gar nicht an Andersgläubige, die an eine spezifisch christliche Gestalt der Caritas nicht glauben; *denn auch die organisierte Caritas ist Ausdruck des gelebten Glaubens der Kirche:* „Die karitativen Organisationen der Kirche stellen dagegen ihr opus proprium dar, eine ihr ureigenste Aufgabe, in der sie nicht mitwirkend zur Seite steht, sondern als unmittelbar verantwortliches Subjekt selbst handelt und das tut, was ihrem Wesen entspricht" (DCE 29). Somit steht die organisierte Caritas im Dienst der Kirche. Sie ist kirchenrechtlich nicht einmal ein selbständiger privater kirchlicher Verein, sondern besitzt kirchlich einen öffentlich-rechtlichen Charakter.

---

[159] Vgl. Caritas: Profilierung durch Anwaltschaft, in: KNA–ID Nr. 10/8 03. 2006.

Kirchenrechtlich werden Privatvereine (Consociatio privata) von Katholiken (CIC 298 § 1, 299 § 1 und § 2; 322 § 1) bzw. anerkannte Privatvereine von Katholiken (CIC 321–326) von einem öffentlichen Verein (Consociatio publica) (CIC 312–320) der Kirche unterschieden. In einem öffentlichen Verein handelt die Kirche als Subjekt und handelt nicht durch einen privaten Verband von einzelnen Christen oder durch einen privaten christlichen Verein. Nichtöffentliche kirchliche Vereine nehmen nicht die Subjektfunktion der Kirche wahr. Die Frage stellt sich zum Beispiel bei der Ausgliederung von caritativen Teilbereichen auf selbstständige gemeinnützige GmbHs. Mit ihren theologischen und ekklesiologischen Klarstellungen des Liebestuns der Kirche trägt die Enzyklika so zur immer noch ausstehenden Klärung des kirchenrechtlichen Status des deutschen Caritasverbandes bei. Die Klärung ist wichtig, um das christliche Sendungsprofil der Verbandscaritas zu verdeutlichen. Dem DCV kommt damit eine größere kirchliche Relevanz und eine stärkere In-Pflicht-Nahme zu als bislang formuliert wurde. Er besitzt einen größeren Stellenwert, als nur eine von den Bischöfen anerkannte „Vertretung der katholischen Caritas in Deutschland" zu sein, wie es die *Satzung des Deutschen Caritasverbandes* in der Fassung vom 4. Mai 1993 formuliert: „§ 1 (1) Der Caritasverband ist die von den deutschen Bischöfen anerkannte institutionelle Zusammenfassung und Vertretung der katholischen Caritas in Deutschland." Kann es genügen, dass die Caritaskommission der deutschen Bischöfe nur eine Aufsichtsfunktion über den DCV wahrnimmt, oder müsste die Kommission der Bischöfe die Leitungsfunktion des Caritasverbandes ausüben, z. B. im Sinne eines Vorstandes – analog den Vorständen der DiCVs? Ist es hinreichend und was bedeutet es ekklesiologisch, dass sich der DCV als eine von den Bischöfen anerkannte „Vertretung der katholischen Caritas in Deutschland" versteht?
Absatz 2 der Satzung: „Er ist Verband der freien Wohlfahrtspflege" legt zudem die Frage nahe, inwieweit die

Zugehörigkeit zum *Verband der freien Wohlfahrtspflege* das caritative „opus proprium" der Kirche tangiert.[160] Keinesfalls kann der Staat direkt oder indirekt tragendes wie handelndes Mitsubjekt der Verbandcaritas der Kirche sein. In den abschließenden Ausführungen der Enzyklika wird nochmals herausgestellt: „In den bisherigen Überlegungen ist schon klar geworden, dass das eigentliche Subjekt der verschiedenen katholischen Organisationen, die einen karitativen Dienst leisten, die Kirche selber ist, und zwar auf allen Ebenen, angefangen von den Pfarreien über die Teilkirchen bis zur Universalkirche" (DCE 32). „Für die Enzyklika kann es keine ‚unkirchliche Caritas' geben; die Kirche selbst ist das ‚Ich-Zentrum' des Caritas-Handelns", wie K. Baumann hervorhebt.[161]

b. Neben der konkreten organisatorischen Sicherung des caritativen Helfens der Kirche hebt die Enzyklika als Aufgabenstellung der *organisierten Caritas* die Wahrnehmung *sozialpolitischer Verantwortung* hervor: „Die karitativen Organisationen der Kirche – angefangen bei denen der (diözesanen, nationalen und internationalen) ‚Caritas' – müssen das ihnen Mögliche tun, damit die Mittel dafür und vor allem die Menschen bereitstehen, die solche Aufgaben übernehmen"(DCE 31a). Diese anwaltschaftliche Funktion wird unbestritten engagiert vom DCV wahrgenommen, wie ein Blick in die sozialpolitischen Stellungnahmen der verbandlichen bzw. fachlichen Caritas zeigt.[162] Eine Frage ist es, ob die Diözesa-

---

[160] Ein einsamer Kämpfer für dieses Profil war Anfang der 90er Jahre der Altjustitiar des Deutschen Caritasverbandes Dr. Klein, vgl. Klein, Franz, Das christliche Profil der Verbandscaritas aus rechtlicher Sicht, in: Pompey, Heinrich (Hg.), Caritas im Spannungsfeld von Wirtschaftlichkeit und Menschlichkeit, Reihe „Studien zur Theologie und Praxis der Caritas und Sozialen Pastoral", Bd. 9, Würzburg 1997, 165–175. Seine Meinung wurde damals ignoriert.

[161] Vgl. Baumann, K., Die Enzyklika „Deus caritas est" und ihre Bedeutung für die Kirche und ihre Caritas, in: News – Caritas-Mitteilungen für die Erzdiözese Freiburg (2006) 9–11, 10.

[162] Vgl. die jüngste Stellungnahme: Caritas: Profilierung durch Anwaltschaft, a.a.O. März 2006.

nen Caritasverbände bzw. der Deutsche Caritasverband im Namen der Kirche überhaupt sozialpolitisch agieren können? Es fällt auf, dass die sozialpolitische Anwaltsfunktion nach außen insgesamt vom DCV sehr vernehmlich praktiziert wird, zumindest engagierter als nach innen die spirituelle Profilierung ihres Dienstes zum Wohl der leidenden Menschen.[163]

4.3 Caritas-spirituelle Herausforderungen der verbandlich organisierten Caritas der Kirche in Deutschland

Unbestritten funktionieren *Caritas und Diakonie in Deutschland auch ohne* päpstlich *spirituellen Impuls* fachlich optimal – sowie es bei anderen Wohlfahrtsverbänden der Fall ist –, solange die finanziellen Voraussetzungen von Seiten der öffentlichen Hand in der bisherigen Form für die Einrichtungen und Dienste des Wohlfahrts- und Gesundheitssektors garantiert sind. Die ehrenamtlich geprägte caritative Diakonie der Weltkirche ist dagegen vorrangig von einer qualifizierten Animation der Mitarbeiter abhängig. Ihr Engagement beruht vor allem auf dem Bewusstsein einer gelebten Teilhabe an der Menschenliebe Gottes, d.h. stellvertretend für Christus aus Liebe den Leidenden beizustehen und die eigene Lebenskraft, die eigenen Lebenserfahrungen und die eigenen Lebenschancen mit Ausgegrenzten, Betrübten, Bedrängten, Armen und Kranken zu teilen. Diese caritativen Dienste und Institutionen will der Papst zum Wohl der leidenden Menschen vordringlich geistlich stützen. So wie Christus zu Petrus sagt: „Du aber stärke Deine Brüder" (Lk 22,32). Unabhängig von der materiellen Sicherung ihrer Wohlfahrts- und Gesundheitsdienste – im Vergleich zu den Möglichkeiten der 2. und 3. Welt – könnte auch die

---

[163] Zumindest ein Blick in die Fortbildungsprogramme der Akademie des deutschen Caritasverbandes der letzten 15 Jahre lässt dies vermuten. Inzwischen wurde ein theologisch geprägtes Kursprogramm aufgelegt.

verbandlich organisierte Caritas der deutschen Kirche die Botschaft der Enzyklika als ein Refreshment und als eine Dynamisierung ihrer *Unternehmensphilosophie* aufgreifen, um das eigene Leitbild zu vertiefen bzw. fortzuschreiben und die spezifische Qualität zum Wohl der leidenden Menschen zu optimieren.

a. Misst die deutsche Kirche selbst – vertreten durch die Deutsche Bischofskonferenz – ihrer verbandlich organisierten Caritas einen Verkündigungscharakter und damit eine Zeugniskraft für den Glauben zu? Wenn „die Liebe in ihrer Reinheit und Absichtslosigkeit das beste Zeugnis für den Gott ist, dem wir glauben und der uns zur Liebe treibt" (DCE 31c), dann lässt sich darüber nachdenken, ob dies durch die *Grundordnung des kirchlichen Dienstes im Rahmen kirchlicher Arbeitsverhältnisse* von 1993 genügend gesichert ist oder ob die dort vertretene organisatorisch-strukturelle Verankerung des christlichen Auftrags nicht durch eine personale und damit spirituelle Verortung bei den Mitwirkenden ergänzt werden muss. Die Inspirationen der Enzyklika, die den Charakter von Forderungen vermeiden, regen zumindest zu entsprechenden Anfragen an; denn bezüglich der Grundprinzipien des kirchlichen Dienstes Art. 1 der Grundordnung wird erwartet, dass die MitarbeiterInnen „sich an der Glaubens- und Sittenlehre und an der Rechtsordnung der katholischen Kirche auszurichten haben". Die Enzyklika macht über die Orientierung an der Glaubens- und Sittenlehre hinaus deutlich, dass kirchliche Caritas bei ihren MitarbeiterInnen voraussetzt, aus dem Glaubensverständnis der Kirche zu leben. Das ist ein anderes Verständnis von kirchlich-caritativer Mitarbeiterqualität, als die Grundordnung des kirchlichen Dienstes formuliert. Denn wie kann sich ein Mitarbeiter – innerlich von Christus und seiner Caritas gedrängt (DCE 33) – caritativ im Geiste der Enzyklika leidenden Menschen zuwenden, wenn Christus ihm fremd ist? Der Papst optiert eine caritative Diakonie, die nicht allein dadurch abgedeckt ist, dass „ein Mitarbeiter die Eigenart des kirchlichen

Dienstes" bejaht (Art. 3 [1]) bzw. der ihm „übertragenen Funktion gerecht" wird (ebd.) und bei seiner Arbeit die katholische Glaubens- und Sittenlehre anerkennt und beachtet (Art. 4 [1]). Dem Papst geht es um mehr als um eine Loyalitätsoption mit dem kirchlichen Träger einer caritativen Einrichtung (vgl. Art. 4), und zwar um eine existentielle Verbundenheit mit der caritativen Qualität und dem caritativen Auftrag der Kirche. Es erhebt sich somit die Frage, ob ein nicht-katholischer und schon gar ein nicht-christlicher Mitarbeiter, aus dem in der Enzyklika beschriebenen Glaubensfundament der Caritas handeln kann, wenn er davon persönlich nicht erfasst ist und nicht über ein entsprechendes Glaubensengagement – i. S. eines caritativen Eros – verfügt, das nach der Enzyklika aus der Symbiose von Eucharistia, Diakonia und Martyria entsteht? Nach der Grundordnung ist die Mitwirkung solcher Mitarbeiter erlaubt. Für Benedikt XVI. ist das Zeugnis der Liebe eine Wesensaufgabe der Kirche (DCE 20–22), die sie nicht delegieren kann (DCE 29, 31–32), d. h. nicht an nicht-kirchliche Gemeinschaften und Vereine wie logischerweise auch nicht an ungläubige, nicht-kirchliche Einzelpersonen. Selbst bei Kooperationsprojekten mit nicht-katholischen bzw. nicht-kirchlichen Trägern bittet der Papst darauf zu achten, dass die katholischen Mitträger das eigene Profil ihres caritativen Helfens nicht aufgeben (DCE 25a, 31, 34). Caritative Diakonie ist mehr als ein bloßer Wohlfahrtdienst, der zwar in sich einen hohen Wert darstellt, aber in der caritativen Diakonie der Kirche christlich optimiert werden muss.

b. Reicht es für das caritative Zeugnis der Kirche in der Welt aus, wenn nur die „Chefetage", d.h. die Träger und Leiter eines caritativen Dienstes oder einer Einrichtung katholisch sind bzw. katholisch leben? Kann bei den helfenden und pflegenden MitarbeiterInnen darauf verzichtet werden, wenn die caritative *Diakonie* nach Meinung des Papstes ein „geistlicher Dienst" ist (DCE 21)? Die Grundordnung fordert nur von Mitarbeitern und Mitarbeiterinnen in pastoralen, katechetischen und erzie-

herischen Diensten „das persönliche Lebenszeugnis",
nicht von Mitarbeitern der Verbandscaritas. Kann die
deutsche Kirche – nach dem Caritasverständnis der Enzyklika – ihre CaritasmitarbeiterInnen des Gesundheits-,
Pflege-, Altenbereichs sowie für die Beratungsdienste
davon dispensieren, ohne den Leidenden eine entscheidende christlich humane Qualität der Hilfe vorzuent-
halten? Die Enzyklika macht deutlich, dass gerade das
Zeugnis der Liebe für die Kirche der Dienst schlechthin
ist (DCE 19–22, 25).

Caritas ist eine personale Beziehungs-„wirk"-lichkeit
(DCE 1, 7, 9). Der Papst bezeichnet die dazu notwendige Kompetenz als Herzensbildung (DCE 31a). Eine
Organisation erhält nur durch ihre caritativ geprägten
und caritativ lebenden Mitglieder diese caritative Qualität. Die vom Papst formulierten Einstellungskriterien für
MitarbeiterInnen der kirchlichen Caritas: erfüllt zu sein
von „Geist und Weisheit", von „Glaube, Hoffnung und
Liebe" und von „Geduld und Demut" sowie „Herzensbildung" zu besitzen, sich als Werkzeug Gottes zu verstehen, ein Mensch des Gebetes zu sein etc., werden in
der Grundordnung im Blick auf die Mitarbeiterauswahl
nicht genannt.

5. Teil
Der Charakter der freiwilligen wie hauptamtlichen Mitarbeit in der Caritas der Kirche

Bezüglich einer daraus resultierenden *Mitarbeiterauswahl* sind die Ausführungen der Enzyklika zur Ur-Kirche sehr aufschlussreich. Das für die caritative Diakonie bestimmte *Sieben-Männer-Gremium* sollte „keinen bloß-technischen Verteilungsdienst" leisten, darum mussten es *Männer „voll Geist und Weisheit"* sein (DCE 21). „Das bedeutet, dass der Sozialdienst, den sie zu leisten hatten, ein ganz konkreter, aber zugleich durchaus geistlicher Dienst und ihr Amt daher ein wirklich geistliches Amt war, das einen der Kirche wesentlichen Auftrag – eben die geordnete Nächstenliebe – wahrnahm" (DCE 21). Dieses Auswahlkriterium macht deutlich, dass MitarbeiterInnen gebraucht werden, die vom caritativen Geist und von menschlicher Lebensweisheit erfüllt sind, d. h. aus der Sicht der heutigen Arbeitspsychologie über eine entsprechende Arbeitseinstellung und eine qualifizierte Fachkompetenz verfügen

Würde die deutsche Kirche den sozialen Dienst der Caritas ebenfalls wie der Papst als einen geistlichen Dienst und das Amt ihrer Mitarbeiter als „wirklich geistliches Amt …, das einen der Kirche wesentlichen Auftrag" wahrnimmt, verstehen, dann müssten die für die Caritas Verantwortlichen der deutschen Kirche, wenn schon nicht bei der Auswahl, dann hinsichtlich der Ausbildung ihrer MitarbeiterInnen entsprechende Konsequenzen ziehen. Angesichts der theologisch unbestritten not-wendigen spirituellen Komponente der caritativen Diakonie – so wie sie die Enzyklika darlegt – stellt sich bei einer ausschließlich humanwissenschaftlich hoch professionalisierten Caritas die Frage, ob nicht ein Teil der MitarbeiterInnen, insbesondere die direkt den Leidenden und Suchenden beistehen, zumindest über eine niederschwellige spirituelle seelsorgliche Kompetenz verfügen sollten. Und ob nicht caritastheologisch wie pastoralpsychologisch geschulte Theologen als Spirituale den direkt caritativ tätigen MitarbeiterInnen spirituell zur Seite stehen müssten.[164] Wie ist sonst die geistliche Ausrichtung des caritativen Helfens zu sichern? Andernfalls verzichtet die deutsche Kirche auf die geistliche Qualität ihrer caritativen Diakonie. Geistlicher Dienst setzt in der Kirche schon immer geistliche Ausbildung und geistliche Begleitung durch sogenannte Spirituale voraus.

Würde also die organisierte Caritas aus der Enzyklika den Schluss ziehen: „Weiter so, wir machen es bereits richtig", wäre das zu kurz gegriffen. Es geht keinesfalls um einen Rückzug aus dem caritativen Engagement der Kirche für die Gesellschaft, wohl aber um die Profilierung der Caritas zum Wohl der leidenden Menschen.[165] Ist die organisierte Caritas in Deutschland zu diesem Qualitätssprung bereit?

5.1 Das caritastheologische Verständnis der Mitwirkung von Freiwilligen und Hauptamtlichen in der caritativen Diakonie der Kirche

a. Der Papst resümiert seine Theo-logik und Anthropologik des 1. systematischen Teils der Enzyklika mit folgender Konsequenz für die caritative Praxis der Kirche: „Wenn die Berührung mit Gott in meinem Leben ganz fehlt, dann kann ich im anderen immer nur den anderen sehen und kann das göttliche Bild in ihm nicht erkennen. Wenn ich aber die Zuwendung zum Nächsten aus mei-

---

[164] Es fällt auf, dass im Diakonischen Werk der Evangelischen Kirche Deutschlands weit mehr TheologInnen in den verschiedensten Handlungsfeldern mitarbeiten als in der deutschen Verbandscaritas.

[165] Vgl. Kaufmann, R., Das christliche Proprium einer verbandlich organisierten Diakonie – Eine qualitative Unersuchung am Beispiel einer Fachberatungsstelle der Caritas für Menschen in Trennung und Scheidung, in: Horn, J.-Ch., Pompey, H., (Hg.), „Die Liebe Christi drängt uns" Bd. 2, a.a.O. 2006, 127–161; Haderlein, R., Das Spezifikum katholischer Kindertageseinrichtungen, in: Horn, J.-Ch., Pompey, H., (Hg.), „Die Liebe Christi drängt uns", Bd. 2, a.a.O. 2006, 233–251.

nem Leben ganz weglasse und nur ‚fromm‘ sein möchte, nur meine ‚religiösen Pflichten‘ tun, dann verdorrt auch die Gottesbeziehung. Dann ist sie nur noch ‚korrekt‘, aber ohne Liebe. Nur meine Bereitschaft, auf den Nächsten zuzugehen, ihm Liebe zu erweisen, macht mich auch fühlsam Gott gegenüber. Nur der Dienst am Nächsten öffnet mir die Augen dafür, was Gott für mich tut und wie er mich liebt"(DCE 18). Für das kirchliche Lehramt ist diese kritische und zugleich provokante Eindeutigkeit im Blick auf Kirchesein und Christsein außerordentlich ungewöhnlich. Pastoralpraktisch ist zu fragen, welche katechetisch-andragogischen und pastoralen Konsequenzen aus der theologisch unbestreitbaren Feststellung folgen: Nur die tiefe Beziehung zu Gott ermöglicht eine voll-wertige caritative Zuwendung zum Mitmenschen so wie ohne Zuwendung zum Nächsten die Gottesbeziehung verkümmert. Was bedeuten diese caritastheologischen Perspektiven für den einzelnen Gemeindechristen und was für die Mitwirkenden der Verbandscaritas der Kirche? Reine Frömmigkeit oder bloße religiöse Pflichterfüllung sind zu wenig für das wahre caritative Christsein und für das wahre caritative Kirchesein. Dies unterscheidet das personal geprägte Christentum von manch anderer eher legalistischen Religion. Soll die Empfehlung des Papstes auch nur annähernd das Handeln der Kirche bzw. ihrer Glieder prägen, ist eine tiefe geistliche Erneuerung an Haupt und Gliedern erforderlich.

b. Da jedoch die *Mitarbeiter der caritativen Diakonie* – so wie es von Christus gesagt wird – „aus den Menschen genommen und für die Menschen bestellt" sind (vgl. Hebr 5,1), und da sie heute angesichts der allgemeinen Entkirchlichung die Wurzeln und den Auftrag der caritativen Diakonie vielfach nicht mehr kennen[166] und nicht über die in der Enzyklika zu Recht genannten spirituellen

---

[166] Es ist kaum anzunehmen, dass 500 000 Mitarbeiter der Caritas alle aus dem in religiöser Tradition verwurzelten Milieu des Katholizismus stammen, vgl. Wippermann, a.a.O. 2006, 14.

Voraussetzungen verfügen, hat die Kirche daraus für ihre MitarbeiterInnen – seien sie Hauptamtliche oder Freiwillige – in der Verbandscaritas katechetisch-andragogische Konsequenzen abzuleiten. Praxisnahe caritastheologische Katechesen sind vonnöten. Es ist erfreulich[167], dass caritasspirituelle Sensibilisierungen von den an der Basis arbeitenden *fachlichen Mitarbeitern* der Caritas zunehmend mehr gewünscht werden.[168] Die Enzyklika ist für diese geistliche Bestärkung der MitarbeiterInnen der Kirche eine einmalige Fundgrube.

War das besondere Profil caritativer Dienste und Einrichtungen der Kirche bis vor 50 Jahren in der deutschen Kirche durch die sog. *Ordenscaritas* (über 50 % der Mitarbeiter in caritativen Einrichtungen und Diensten waren Ordensfrauen oder Ordensmänner) geprägt, die in ihren Gemeinschaften eine caritative Spiritualität im Geiste ihrer Stifter und Stifterinnen pflegten, so ist dies in der gegenwärtigen Verbandscaritas der deutschen Kirche nicht mehr der Fall. Auch die meisten *freiwilligen Helfer* der Caritas kennen die spirituellen Grundlagen ihrer caritativen Diakonie nicht. Bis vor zwei Generationen waren die Freiwilligen vorwiegend Mitglieder der Vinzenz- oder Elisabethgemeinschaften, wo eine eindrucksvolle sozialcaritative Spiritualität gepflegt wurde.[169] Erst die allmählich auch in Deutschland entstehenden bzw. sich verbreitenden neuen geistlich-sozialen Laiengemeinschaften widmen sich wieder einer dezidiert caritativen Spiritualität und einer daraus resultierenden lebensraumnahen Diakonie für leidende und suchende Mitmenschen (z. B. Foculare, Sant' Egidio etc.). In der Weltkirche zählen sie

---

[167] Wie zunehmende Anfragen an Caritastheologen zu entsprechenden Veranstaltungen zeigen.

[168] Und zwar nicht allein nur in Deutschland, sondern in der ganzen Welt.

[169] Vgl. Kießling, K., Das soziale Ehrenamt – caritaswissenschaftliche Skizzen zu Herkunft und Zukunft freiwilligen Engagements; in: Strohm, Th. (Hg.), Diakonie an der Schwelle zum neuen Jahrtausend: ökumenische Beiträge zur weltweiten und interdisziplinären Verständigung, Heidelberg 2000, 494–516.

bereits zu den tragenden Säulen der gemeindlich geprägten Caritas. Die Enzyklika wird eine wichtige Inspiration für diese neue basisgebundene Caritas sein.

5.2 Profil und Spiritualität des Mitarbeiters der caritativen Diakonie der Kirche

Nach dem Ausdruck der Verbundenheit mit allen, die sich der caritativen Diakonie verpflichtet wissen, insbesondere mit den christlichen Kirchen und Gemeinschaften, wendet sich der Papst dezidiert dem spezifischen *Profil kirchlicher Liebestätigkeit* zu (DCE 31), damit „das kirchliche Liebeshandeln seine Leuchtkraft behält und nicht einfach als eine Variante im gemeinen Wohlfahrtswesen aufgeht" (DCE 31).

a. In seiner kurzen *Profilbeschreibung des Mitarbeiters der kirchlichen Caritas* (DCE 33) – wobei der Papst offenlässt, ob es sich um die freiwilligen oder hauptamtlichen Mitarbeiter handelt – hebt der Papst hervor, dass der Mitarbeiter sich *nicht von Ideologien der Weltverbesserer leiten lasse*, sondern „sich von dem Glauben führen lasse, der in der Liebe wirksam wird (vgl. Gal. 5,6)" (DCE 31a). Benedikt XVI. beschreibt nicht, welche Ideologien er im Blick hat – sicher schließt diese Bemerkung den von ihm bereits mehrfach genannten Marxismus, aber auch andere Hilfe-Konzepte ein, die der christlichen Anthropologie nicht entsprechen, z. B. wenn Therapiekonzepte einer reinen Selbstverwirklichung huldigen. Auch hier vermeidet der Papst Schuldzuschreibungen und Verurteilungen. Er beschreibt positiv die erforderliche Hilfekompetenz i. S. *christlicher Menschlichkeit*.
An erster Stelle nennt er im Blick auf das Profil der MitarbeiterInnen die beruflichen Kompetenzen als „eine erste, grundlegende Notwendigkeit", die jedoch nicht ausreicht, da es um Menschen geht. „Menschen brauchen immer mehr als eine bloß technisch richtige Behandlung. Sie brauchen Menschlichkeit. Sie brauchen die Zuwen-

dung des Herzens. Für alle, die in den karitativen Organisationen der Kirche tätig sind, muss es kennzeichnend sein, dass sie nicht bloß auf gekonnte Weise das jetzt Anstehende tun, sondern sich dem anderen mit dem Herzen zuwenden" (DCE 31a). Helfer und Helferinnen benötigen, „neben und mit der beruflichen Bildung vor allem Herzensbildung" (DCE 31b). Herzensbildung stellt keine Dienstleistungsforderung dar, sondern ist Ausdruck frei gelebten Glaubens, „der in der Liebe wirksam wird (vgl. Gal 5,6)" (DCE 31a) und den es unbestritten zu kultivieren gilt. Fachlichkeit und caritative Menschlichkeit werden so verbunden – auch wenn der Papst theologisch nicht eigens auf die Verbindbarkeit und Vereinbarkeit von humanwissenschaftlichen Kompetenzen und Glaubens-„wirk"-lichkeiten eingeht.[170]

Benedikt XVI. stellt positiv die erforderliche Hilfekompetenz heraus, *die an Christus Maß nimmt.* Die MitarbeiterInnen „müssen daher zuallererst Menschen sein, die von der Liebe Christi berührt sind, deren Herz Christus mit seiner Liebe gewonnen und damit die Liebe zum Nächsten geweckt hat" (DCE 33). Ihr Leitwort sollte der Satz aus dem 2. Korintherbrief sein: „Die Liebe Christi drängt uns" (5,14). Ein atheistischer oder andersgläubiger Mitarbeiter, der keine Christuserfahrungen kennt oder Christus nicht anerkennt, wird aus diesem Grund kaum christlich-caritativ handeln können.

Das spezifische Profil ist Benedikt XVI. so wichtig, dass er bei seiner *Einladung zu mehr Kooperation mit anderen* Organisationen der Wohlfahrtspflege und Gesundheitsfürsorge (DCE 34) darauf verweist, das eigene *caritasspezifische Profil zu beachten.* Zur Verdeutlichung erinnert er an die Magna Charta allen kirchlichen Dienens (1 Kor 13,3): „Wenn ich meine ganze Habe verschenkte und wenn ich meinen Leib dem Feuer übergäbe, hätte aber die Liebe nicht, nützte es mir nichts" (1 Kor 13,3). Denn Liebe ist „immer mehr als bloße Aktion" (DCE 34). „Die

---

[170] Vgl. Pompey, H., Beziehungstheologie, a.a.O. 1997.

praktische Aktion bleibt zu wenig, wenn in ihr nicht die Liebe zum Menschen selbst spürbar wird, die sich von der Begegnung mit Christus nährt" (DCE 34).

Es ist in diesem Zusammenhang ein Irrtum zu glauben, dass das zu Recht geforderte und geförderte Qualitätsmanagement aus sich eine Beziehungsqualität in caritativen Diensten und Einrichtungen herstellt. Das Qualitätsmanagement ist eine wertoffene Methode, ein Instrument zur möglichen Verbindung von sozialer Fachlichkeit und christlicher Menschlichkeit. Qualitätsmanagement schafft die Voraussetzungen, dass bestimmte Unternehmensphilosophien besser operationalisiert und Zeiträume für eine spirituelle Zuwendung zu den Klienten freigesetzt werden können.[171] Fachlichkeit ohne Menschlichkeit ist inhuman. Die Enzyklika macht deutlich, dass christliche Caritas mehr ist als der allgemeine humane Imperativ: „Edel sei der Mensch, hilfreich und gut." Qualitätsmanagement in christlichen Einrichtungen und Diensten hat mehr zu vermitteln. In der Tat setzt das Christentum soziale Energien und Optionen frei, wie die jüngsten repräsentativen Erhebungen unter religiösen und nichtreligiösen jungen Menschen unter 30 Jahren erneut bestätigen: Menschen in Not zu helfen ist für 69% der Religiösen wichtig. Bei Nichtreligiösen ist es nur bei 46% der Befragten der Fall.[172] In diesem Sinne kommt den Optionen

---

[171] Das dies möglich ist, wenn eine entsprechende Unternehmensphilosophie vermittelt wird und somit das QM eine qualitätssteigernde Wirkung zeigt, machen die Forschungen von R. Haderlein deutlich: Haderlein, R., Wertorientiertes Qualitätsmanagement in caritativ-diakonischen Einrichtungen der katholischen Kirche – Eine empirische Studie zur Kriterienforschung bei wertorientierten Qualitätsmanagementkonzepten, Reihe „Studien zur Theologie und Praxis der Caritas und Sozialen Pastoral", Bd. 22, Würzburg 2003.
[172] Vgl. Köcher, R., Die neue Anziehungskraft der Religion – Wachsendes Interesse an Glaube und Kirche, in: FAZ v. 12. 04. 2006, 5. Die mangelnde Fähigkeit und Potenz des Atheismus zur Freisetzung von Motivationen zum selbstlosen caritativen Engagement gesteht auch der atheistische Philosoph Paolo Flores d'Arcais im Gespräch mit Benedikt XVI. ein, vgl. Ratzinger, J., d'Arcais, P. F., Gibt es Gott? Wahrheit, Glaube, Atheismus, Berlin 2006, 106.

der Enzyklika – zum Wohl der Leidenden und Hilfesuchenden – eine Qualität steigernde Bedeutung zu.

b. Als grundlegend für die helfende Beziehung verdeutlicht der Papst die *Christo-Logik des demütigen, d. h. des dienenden Helfens* und macht so für die Mitwirkenden die innere Verbundenheit mit dem Glauben der Kirche deutlich. Da der Helfende „letzten Endes nur Werkzeug in der Hand des Herrn ist", darf der Helfende die Begrenztheit seines Tuns dem Herrn überlassen und widersteht so am ehesten der „Versuchung zur Mutlosigkeit". Der Mensch ist Werkzeug und nicht der eigentliche Auktor, d. h., Ursprung der Kraft des Helfens bleibt Gott allein. Dieses Verständnis *schützt* die Helfenden *vor Überforderung* wie vor „Burn-out", der heute zunehmend bei Helfern und Helferinnen anzutreffen ist.[173] „Er wird in Demut das tun, was ihm möglich ist und in Demut das andere dem Herrn überlassen" (DCE 35). Das caritative Dienen steht *unter der Gnade Gottes*.

Die Ent-Lastung der hauptamtlichen und freiwilligen Mitwirkenden der caritativen Diakonie stellt sich nur ein, wenn die Mitwirkenden von einer entsprechenden Spiritualität geprägt sind, sei es dass sie diese mitbringen beziehungsweise dass die Träger kirchlich-caritativer Einrichtungen und Dienste ihnen diese Dimension des Helfens durch caritas-katechetische Kurse erschließen helfen und sie durch pastoralpsychologische wie geistliche Begleiter betreuen.

Aus den Überlegungen ergibt sich der nächste Gedanke, durch das *Gebet* in der caritativen Diakonie stets „neu von Christus Kraft zu holen" (DCE 36) und sich geistlich zu entlasten bzw. zu bestärken. Es ist dem Papst ein großes Anliegen, „angesichts des Aktivismus und des drohenden Säkularismus vieler in der caritativen Arbeit beschäftigter Christen die Bedeutung des Gebetes erneut

---

[173] Vgl. Flosdorf, B., Berufliche Belastung, Religiosität und Bewältigungsformen, Reihe „Studien zur Theologie und Praxis der Caritas und der Sozialen Pastoral", Bd. 12, Würzburg 1998.

zu bekräftigen" (DCE 36). Dabei geht er auf das Bittgebet (DCE 37) und auf das Klagegebet (DCE 38) ein und verdeutlicht letzteres mit einem Hinweis auf *Ijob* und auf die Verlassenheit Jesu am Kreuz (DCE 38). Es ist für caritative Helfer enorm erleichternd, wenn sie die Sorgen dem Herrn überlassen dürfen und ihre Enttäuschungen und Ängste wegen des ausbleibenden „Erfolgs" vor Christus mit seinen eigenen Worten: „Mein Gott, mein Gott, warum hast Du mich verlassen?" (Mk 15,34) aussprechen können. Diese Formen der geistlichen Entlastung durch das Gebet deblockieren und revitalisieren die Lebens- und Arbeitskraft. Sie machen das Denken wieder frei für neue Lebensinspirationen und Lebensideen.[174] „Frömmigkeit schwächt nicht den Kampf gegen Armut" (DCE 36), sondern sie ist Motor des Helfers.

c. In seinen Darlegungen über den inneren Zusammenhang von *Glaube, Hoffnung und Liebe* als Wirkeinheit hebt der Papst die tragende Bedeutung der Tugenden *Geduld und Demut* im Blick auf die helfende Begleitung hervor. Ein ungeduldiger oder manipulierender Glaube, eine dementsprechende Hoffnung und Liebe werden ihre Lebenskraft und Lebensinspiration nicht entfalten. Unbestritten lassen sich weitere biblisch überlieferte Kriterien der helfenden und heilenden Caritas anführen,[175] von Benedikt XVI. werden nur die grundlegenden benannt. Erinnert sei über die Enzyklika hinaus an die Operationalisierungen der Liebe, wie sie Paulus in seiner „Magna Charta Caritatis" (1 Kor 13,4–7) ausführt: „Die Liebe ist langmütig, die Liebe ist gütig, sie ereifert sich nicht, sie prahlt nicht, sie bläht sich nicht auf, sie handelt nicht ungehörig, sucht nicht ihren Vorteil, lässt sich nicht zum Zorn reizen, trägt das Böse nicht nach, sie freut sich nicht über das Unrecht, sondern freut sich an der Wahrheit, sie

---

[174] Vgl. Pompey, H., Das Gebet in der caritativ-seelsorglichen Begleitung, in: Lebendige Katechese 2 (2001) 87–90.

[175] Vgl. Pompey, H., Biblical and theological foundations of charitable works, in: Acts of the World Congress on Charity, Rom 1999, 106–132.

erträgt alles, glaubt alles, hofft alles, hält allem stand." Unbestritten stellen die paulinischen Ausformulierungen der Caritas höchste Ansprüche an das Miteinander der gemeindlichen „Gemeinschaft der Liebe", und das Miteinander in einer Dienstgemeinschaft wie der Dienstleistungskultur der organisierten Caritas und an die persönliche Zuwendung der Helfer und Helferinnen z. B. zu multimorbiden Alten und Kranken, schwer erziehbaren Jugendlichen, Inhaftierten, Suchtkranken usw.

d. Im Blick auf die *Kirchlichkeit* der Mitarbeiter – seien sie freiwillig oder hauptamtlich aktiv (DCE 30b) – hebt der Papst hervor: „Wer Christus liebt, liebt die Kirche und will, dass sie immer mehr Ausdruck und Organ seiner Liebe sei. Der Mitarbeiter jeder katholischen caritativen Organisation *will* mit der Kirche und daher mit dem Bischof dafür arbeiten, dass sich die Liebe Gottes in der Welt ausbreitet" (DCE 33). Mitarbeiter, die die Kirche ablehnen, werden dies ehrlich nicht optieren können. Ihre Mitarbeit lässt sich über die Theorie des anonymen Christen nicht glaubhaft erklären und rechtfertigen. Kann etwas unbekannt bzw. inakzeptabel sein und gleichzeitig aufrichtig praktiziert werden? Zumindest setzt eine caritative Diakonie im Geiste der Darlegungen der Enzyklika caritastheologische Kenntnisse voraus. Die Kirche kann die caritative Evangelisation der Lebenswelten der Menschen nur mit Mitwirkenden erreichen, die sich mit dem caritativen Auftrag der Kirche identifizieren, also im Sinne der Enzyklika über ein „sentire cum ecclesia" verfügen. Auch hier sei die Frage erlaubt, ob z. B. ein muslimischer oder atheistischer Mitarbeiter diese ekklesiologische Spiritualität ehrlich leben kann.

Wenn der Papst auch keine „Tempelreinigung" im Blick auf die caritative Diakonie der Kirche vornimmt, d.h. diejenigen nicht vor die Tür setzt, die das Haus Gottes zu ihren eigenen Zwecken, und zwar vorrangig zum Geldverdienen nutzen – so wie Jesus es beim Besuch des Tempels antraf –, so wirbt der Papst nicht weniger leidenschaftlich für die caritative Ausrichtung der Kirche, damit sie Tempel Gottes, d. h. Haus Gottes für die Menschen sein kann. Der caritative Charakter der Kirche und damit ihre qualifizierte caritative Diakonie gründen in einer schenkenden, zweckfreien, echten Gottesbeziehung – als Beispiel nennt der Papst Mutter Theresa von Kalkutta. Kirche kann die Diakonie der Liebe nur im Geiste Gottes realisieren. *Nicht-Christen,* die nicht im Glauben der Kirche verwurzelt sind, können an der caritativen der Sendung der Kirche nur teilnehmen, wenn sie die elementaren, wesentlichen Grundlagen der Sendung der Kirche nicht nur rational, sondern existentiell durch eine spirituelle Ausbildung und Begleitung vertiefen. Caritasarbeit der Kirche ist nur aus der Mitte des Gottesglaubens möglich. Dafür trägt die Kirche die Verantwortung; konsequenterweise spricht die Enzyklika in diesem Zusammenhang die Bischöfe an (DCE 32).

Schließlich geht es um die Gottesfrage bzw. das Gotteszeugnis, und zwar um die Bedeutung Gottes für den Menschen und die daraus resultierende Sendung der Kirche, denn „durch Jesus Christus besitzt Gott ein menschliches Gesicht und ein menschliches Herz, darum kann man ihn lieben und muss ihn nicht fürchten."[176] In seiner Kommentierung der Enzyklika – während der Konferenz des päpstlichen Rates COR UNUM zwei Tage vor der Veröffentlichung des Lehrschreibens – hebt der Papst hervor: „Es war mein Wunsch, die zentrale Bedeutung des Glaubens an Gott hervorzuheben – des Glaubens an den Gott, der ein menschliches Antlitz und ein menschliches Herz annahm. Der Glaube ist keine Theorie, die man übernehmen oder auch beiseitelegen kann. Der Glaube ist etwas sehr Konkretes, ist der Maßstab, der unseren Lebensstil bestimmt. In einer Zeit, in der Feindseligkeit und Habsucht übermächtig geworden sind, einer Zeit, in der der Missbrauch der Religion bis zur Verherrlichung des Hasses getrieben wird, kann neutrale Rationalität allein uns nicht schützen. Wir

---

[176] Benedikt XVI., Ansprache beim internationalen Kongress, (ZENIT. org).a.a.O. 2006.

brauchen den lebendigen Gott, der uns bis zum Tod geliebt hat."[177]
In seiner Enzyklika betont der Papst die Unverzichtbarkeit caritas-theologischer Aspekte für den Dienst am Leben insbesondere für Menschen in Leid und Not, auch wenn er keine entsprechenden ethischen Imperative für die Mitwirkung in der caritativen Diakonie der Kirche formuliert. Darüber hinaus nimmt er die Kirche und nicht die einzelnen Mitarbeiter in die Pflicht, d.h. diejenigen, die die Verantwortung für das Gelingen der Sendung der Kirche haben.

e. Weder die Grundordnung des kirchlichen Dienstes im Rahmen kirchlicher Arbeitsverhältnisse der deutschen Kirche noch die *Leitbilder der Caritasverbände* sprechen die tiefe und eindeutige Sprache, wie sie bei Benedikt XVI. anzutreffen ist. Ohne Zweifel beschreibt der Papst die Hochform des caritativen Helfens und Lebens. Es ist zu fragen, ob sich das eine fachlich arbeitende, verbandlich organisierte Caritas mit fast 500 000 Mitarbeitern zumuten bzw. diese geistliche Qualifizierung realisieren kann. Ist möglicherweise die vom Papst optierte christlich-humane Qualität der Caritas als christliche Lebensform nur communial, d. h. durch Beheimatung der Mitwirkenden in einer caritativen Gemeinschaft möglich, wie es z. B. früher bei der Ordenscaritas der Fall war und heute in den spirituellen Gruppen der Kirche neu ermöglicht wird? Wenn das so wäre, dann müsste die Kirche in Deutschland angesichts ihres caritativen Sendungsauftrages den communial-caritativ geprägten Gemeinschaften als den eigentlichen Trägern der spezifisch kirchlichen caritativen Diakonie einen ganz anderen Stellenwert zusprechen und sie entsprechend fördern. Soll jedoch die Verbandscaritas die primäre Trägerin des Liebestuns der Kirche in Deutschland sein, dann steht die Kirche vor der Frage: entweder die MitarbeiterInnen durch katechetische Angebote im Geiste der Enzyklika spirituell und

---

[177] Vgl. Benedikt XVI., Ansprache bei der Audienz, a.a.O. 2006.

religiös zu qualifizieren – so diese interessiert und dazu bereit sind – oder auf Personen zu verzichten, die an einem spirituellen Charakter der Mitarbeit kein Interesse haben. Zumindest müsste die Kirche sich fragen, ob sie angesichts der religiösen Mitarbeitersituation der Caritas-verbände ihre caritative Sendung verwirklicht sieht. Oder ist ihre verbandliche und fachlich höchst qualifizierte Caritas lediglich eine soziale Dienstleistung im Auftrag des Staates – so wie sie von anderen Wohlfahrtsverbänden angeboten wird?

Da eine Organisation nicht von sich aus, sondern nur durch ihre Mitglieder einen caritativen Charakter[178] besitzt, stellt sich die Frage, ob das Arbeitsvertragsrecht vom 1. 5. 1980[179], das die persönliche Identifikation bzw. eine konkrete Verwurzelung des einzelnen Mitarbeiters in der caritativen Glaubensüberzeugung der Kirche zum Wohl der leidenden Menschen fordert, nicht wesentlich eher dem tieferen Caritasverständnis der Enzyklika entspricht. Im Blick auf die heutige Grundordnung läge zumindest die Absicherung der Glaubwürdigkeit des caritativen Zeugnisses durch eine verstärkte spirituelle Fundierung des Personals nahe, z. B. durch eine verstärkte caritas-theologische Katechese für Mitarbeiter. „Aufgabe der karitativen Organisationen der Kirche ist es, dieses Bewusstsein in ihren Vertretern zu kräftigen, so dass sie durch ihr Tun wie durch ihr Reden, ihr Schweigen, ihr Beispiel glaubwürdige Zeugen Christi werden" (DCE 31c). Wenn die fachliche Qualifizierung des Personals für die Trägervertreter der verbandlichen Caritas keine Frage ist – übrigens auch nicht für den Papst (vgl. DCE 31a) –, dann sollte die spirituelle Stär-

---

[178] Genügt es, so ist im Sinne der Enzyklika demgegenüber zu fragen, den caritativ-theologischen Auftrag der Einrichtungen und Dienste der kirchlichen Verbandscaritas allein über die kirchlich-organisatorische Zuordnung der MitarbeiterInnen zu garantieren, die die Mitwirkenden der Verbandscaritas lediglich anerkennen müssen.

[179] Vgl. Arbeitsvertragsrecht in der Kirche – Regional-Koda in Nordrhein-Westfalen. Vom 01.05.1980. Arbeitshilfe 16A, (Hg.) Sekretariat der Deutschen Bischofskonferenz Bonn 1980, 15.

kung der Mitwirkenden für sie keine Frage sein.[180] Leider ist vielerorts zu hören, dass kirchliche Dienstgeber meinen, auf eine Sensibilisierung für caritas-theologische Spiritualität im Rahmen ihrer Sparmaßnahmen als Erstes verzichten zu können.[181] Im Sinne der Enzyklika ist das ein Sparen im falschen Ende des Dienstleistungsprofils. „Die karitativen Organisationen der Kirche – angefangen bei denen der (diözesanen, nationalen und internationalen) ‚Caritas' – müssen das ihnen Mögliche tun, damit … vor allem die Menschen bereitstehen, die solche Aufgaben übernehmen" (DCE 31a).

Die Enzyklika verurteilt also nicht, sondern lädt ein, über die dargelegten Aspekte der Caritas Gottes nachzudenken und sie zu implantieren. Auch wenn der Papst die von ihm genannten Aspekte nicht in Form von Pflichten formuliert, so möchte er doch die für die caritative Diakonie Verantwortlichen gewinnen, an seinem Verständnis des Liebestuns der Kirche Maß zu nehmen, wobei ihm klar ist, dass es eine Gradualität des Weges gibt, jedoch keine Gradualität des Zieles. Eine graduelle Abschwächung des Auftrages der Kirche im Blick auf die caritas-theologische Radikalität der Diakonie ist nicht möglich, diese Zielperspektive kann nie aufgegeben werden.

---

[180] Seit Jahren liegen diesbezüglich erprobte Modelle vor, vgl. z. B. Pompey, H., Caritatives Engagement – Lernort des Glaubens und der Gemeinschaft, Effizienzuntersuchung eines Grund- und eines Aufbaukurses zum Kennenlernen theologischer Aspekte des Leitbildes sozialdiakonischer Hilfe und zur Sensibilisierung der Mitwirkenden für den communialen, dienstgemeinschaftlichen Charakter kirchlicher Sozialdienste, Würzburg 1994.

[181] Dieses Verhalten hat eine gewisse Ähnlichkeit mit einer vom Papst am 10. 9. 2006 in München angesprochenen Auffälligkeit, dass Bischöfe der 3. Welt bei sozialen Projekten „sofort offene Türen" finden und dass sie bei „Evangelisierungsaspekten … eher auf Zurückhaltung" stoßen. „Offenbar herrscht da bei manchen die Meinung, die sozialen Projekte muss man mit höchster Dringlichkeit voranbringen; die Dinge mit Gott und gar mit dem katholischen Glauben seien doch ehr partikulär und nicht so vordringlich." Vgl. Benedikt XVI., Das Soziale und das Evangelium gehören zusammen, in: Die Tagespost v. 12. 09. 2006, 7.

f. Im Zusammenhang mit den Profiloptionen macht der Papst auf *zwei Fehlformen* des caritativen Helfens aufmerksam: a. „Es ist nicht ein Mittel ideologisch gesteuerter Weltveränderungen und steht nicht im Dienst weltlicher Strategien, sondern ist hier und jetzt Vergegenwärtigung der Liebe, deren der Mensch immer bedarf. Das Programm des Christen – das Programm des barmherzigen Samariters, das Programm Jesu – ist das ‚sehende Herz'. Dieses Herz sieht, wo Liebe Not tut, und handelt danach." b. Auch darf die caritative Diakonie nicht als Mittel für das genutzt werden, „was man heute als Proselytismus bezeichnet" (DCE 31c).

5.3 Konfliktrealität und Management organisierter Caritas

Zu den großen Herausforderungen der Liebe gehört der gelingende Umgang mit Konflikten. Hier gilt es, Liebe und Wahrheit lebensvoll zu balancieren. Auch die beste caritative Lebenskultur verhindert nicht Konflikte und Missverständnisse. Das konkrete Helfen wie das Management des Helfens in einer caritativen Organisation sind stets von Konflikten gezeichnet. So bedarf es einer qualifizierten Konfliktkultur, die von der Liebe geleitet der Wahrheit dient. In Konfliktsituationen ist es notwendig, die Wahrheit in Liebe zu sagen bzw. zu praktizieren (Eph 4,15). Wird aus überstarker Liebe die Wahrheit verdrängt oder die Wahrheit einem Menschen lieblos gesagt, dann wird kaum ein nachhaltig gelingendes Miteinander möglich sein.

In jeder caritativen Gemeinschaft und in jeder caritativen Organisation entstehen Konflikte. Wie es bereits in der Urkirche Streit und Lagerbildungen gab – *Paulus* berichtet über sie z. B. im 1. Korintherbrief –, so gibt es sie auch in der Kirche und in der Caritas heute. Bei Paulus finden sich z. B. im ersten Korintherbrief Beschreibungen christlich-humaner Konfliktlösungsstrategien im Blick auf schweres Abweichen von der eigenen Unternehmenskultur und Unternehmenspraxis (1 Kor 1–11), wie wir heute die Probleme nennen. Ebenso finden sich in der Gemeinderegel bei *Matthäus* (Mt 18) Anweisungen zur Konfliktregelung.

Auch lässt sich für das Personalmanagement auf den klassischen „Ordo caritatis" hinweisen, wie er bei Thomas von Aquin zu finden ist.[182] Gemäß dem „Ordo caritatis" kennt z. B. die Liebe zu den konkret Nächsten ein Vorrecht vor der Liebe zu den Fernerstehenden. Eine Krankenschwester kann im Konfliktfall der Liebe zum eigenen Kind – wenn dieses erkrankt ist – den Vorrang vor der Betreuung eines kranken Patienten ihrer Klinik geben[183] und darf im Krankenhaus fehlen und bei ihrem Kind bleiben.[184]

Das Personalmanagement steht vor dem Konflikt, zwischen *Barmherzigkeit im Einzelfall und Gerechtigkeit im Blick auf die Gesamtgemeinschaft*[185] bzw. auf das Funktionieren einer caritativen Organisation, d. h. zwischen *Caritas und Ordo* abzuwägen. Das kann der Fall sein, wenn ein langjährig verdienter Mitarbeiter seine Leistungen nicht mehr erbringt und auf eine einfache Arbeitsstelle zurückversetzt werden müsste. Zur Sicherung der individuellen Gerechtigkeit in einer Einrichtungscaritas ist auf Prinzipien der Moraltheologie, die Regulierungen des Kirchenrechts und die Mitarbeiterordnungen zurückzugreifen.

---

[182] Vgl. Thomas von Aquin, a.a.O. 1959.

[183] Arbeitsrechtlich kann dies dagegen anders beurteilt werden.

[184] Der „Ordo caritatis" fordert als Erstes, die persönliche Bereitschaft, zu lieben, bei sich selbst zu kultivieren. Sodann legt er nahe, sich für die Förderung caritativer Gemeinschaften und Lebensorte einzusetzen, und stellt erst dann die caritative Lebensqualifizierung des größeren gesellschaftlichen Lebensumfeldes als Aufgabe heraus.

[185] Wenn der Papst in seiner Enzyklika das Zueinander von Gerechtigkeit und Liebe (Barmherzigkeit) anspricht, geschieht es makrosystemisch, d. h. im Blick auf die Sozial- und Ordnungspolitik des Staates (DCE 26–29). Damit werden keine Aspekte zur Lösung von Mitarbeiterproblemen, also mesosystemisch, formuliert. Der vom Papst thematisierte Bereich hat makrosystemisch die gesellschaftliche Gerechtigkeit im Blick.

Sicher setzt der Umgang mit Konflikten in dem ange-
deuteten Sinn eine große caritasspirituelle Kompetenz
voraus, auch wenn sie vom Papst nicht ausdrücklich thematisiert wird. Eine Enzyklika kann nicht alle Aspekte
mit gebührender Ausführlichkeit behandeln. Vermutlich
werden die Herausforderungen der Konfliktrealität einer
institutionalisierten Caritas vom Papst aus diesem Grund
nicht eigens angesprochen, weil diese Probleme im Arbeitsvertragsrecht der meisten Länder und der Kirchen
geregelt sind. Möglicherweise lassen sich auch deswegen
keine Ausführungen zum Umgang mit Konflikten finden,
da es dem Gesamttenor der Enzyklika eher entspricht,
die Möglichkeiten der caritativen Diakonie zu erschließen und nicht zu moralisieren. Zudem beabsichtigt sie,
die positiven Chancen einer theologisch inspirierten Caritas aufzuzeigen und nicht individuelle oder organisatorische Probleme zu lösen.

6. Teil
Der Dienst der Kirche für Staat und Gesellschaft

6.1 Verhältnis von Kirche und Staat

Das Miteinander von Staat und Kirche ist von einer *wechselseitigen Subsidiarität* geprägt, d.h., die Kirche unterstützt den Staat, dass er seine politische Verantwortung zum Wohl der Menschen wertorientiert und qualifiziert wahrnehmen kann, der Staat dagegen ermöglicht der Kirche, frei ihre caritative Sendung zum Wohl der leidenden Menschen in den jeweiligen Gesellschaften ausüben zu können. Eine gerechte und soziale Politik ist primär Aufgabe des Staates. Die Gestaltung eines Gemeinwesens gründet u. a. auf der Balance von Gerechtigkeit und Liebe. Dazu stellt Benedikt XVI. fest: „Die gerechte Ordnung der Gesellschaft und des Staates ist zentraler Auftrag der Politik. Ein Staat, der nicht durch Gerechtigkeit definiert wäre, wäre nur eine große Räuberbande, wie Augustinus einmal sagte: ‚Remota itaque iustitia quid sunt regna nisi magna latrocinia.' Zur Grundgestalt des Christentums gehört die Unterscheidung zwischen dem, was des Kaisers, und dem, was Gottes ist (vgl. Mt 22,21), das heißt die Unterscheidung von Staat und Kirche oder, wie das II. Vaticanum sagt, die Autonomie des weltlichen Bereichs" (DCE 28a). Bereits 1989 macht Joseph Kardinal Ratzinger deutlich: „Der Staat ist in der Geschichte seinem Wesen nach ‚irdischer Staat' und kann gar nicht Gottesstaat werden; die Kirche bleibt ihrem Wesen nach vom Staat verschieden. Gott ist nicht ein politisches Instrument menschlichen Handelns."[186] Ordnungspolitisch hat der Staat, wie U. Nothelle-Wildfeuer herausstellt, im Blick auf die soziale Gerechtigkeit die Voraussetzungen zu schaffen, dass eine Beteiligungsgerechtigkeit für die

---

[186] Vgl. Ratzinger, Glaube und Politik, a.a.O. 2005.

Zivilgesellschaft möglich ist und die soziale Gerechtigkeit nicht ausschließlich als Verteilungsgerechtigkeit zum Tragen kommt.[187] Wie ein entsprechender Beitrag der Kirche aussieht, legt die Enzyklika dar und reklamiert für die Kirche – wie aber auch für alle anderen gesellschaftlichen Gruppen – den Dienst der Liebe als Auftrag der Kirche, der ihr vom Staat gemäß dem Subsidiaritätsprinzip ermöglicht werden muss. Sozial-ethische wie sozial-caritative Dienstleistungen charakterisieren den Dienst der Kirche für Staat und Gesellschaft.[188]

6.1.1 Sozial-ethischer Dienst der Kirche für die Gesellschaft

Auf der Basis der wechselseitigen Verwiesenheit von Staat und Kirche (DCE 28a) stellt die Enzyklika heraus, dass die Gerechtigkeitsoptionen eines Staates stets der kritischen Hinterfragung bedürfen. Der Staat steht vor der Frage „wie ist Gerechtigkeit hier und jetzt zu verwirklichen?" (DCE 28a). Um jedoch zu beantworten, „was Gerechtigkeit ist", bedarf es der praktischen Vernunft, die wiederum angesichts ihrer „ethischen Erblindung durch das Obsiegen des Interesses und der Macht" gereinigt werden muss (DCE 28a). Es „ist eine nie ganz zu bannende Gefahr", dass die Vernunft sich blenden lässt (DCE 28a). „An dieser Stelle berühren sich Politik und Glaube" (DCE 28a). So gründet das besondere Zueinander von Staat und Kirche bzw. von Politik und Glaube u. a. auf dem Zueinander von Vernunft und Glauben. Wie J. Ratzinger z. B. im Gespräch mit dem Philosophen Habermas 2004[189] betont, kann die praktische Vernunft im

---

[187] Vgl. Nothelle-Wildfeuer, a.a.O. 2006.

[188] Vgl. Pompey, H., „Omul nu traieste numai cu paine, ci cu orice cuvant care iese din gura lui Dumnezeu" (Matei 4.4). Serviciile social-morale si social-filantropice ale Bisericii, premisa a dezvoltarii economice a unei tari, in: Petrescu, T. (Ed.), Omagiu Professorului Nicolae v. Dura la 60 de Ani, Tomisului 2006, 186–190.

[189] Vgl. Vorpolitische moralische Grundlagen eines freiheitlichen Staates – Stellungnahme Joseph Kardinal Ratzinger, in: Zur Debatte. 35 (2005) IV–VI.

Staat nur walten, wenn ihre Anwendung im Staat wie in den Wissenschaften immer wieder gereinigt wird. Umgekehrt kommt auch der Vernunft die Funktion zu, die Religion zu reinigen und kritisch zu befragen.

In diesem Zueinander von Religion und rationaler Politik „ist der Ort der katholischen Soziallehre anzusetzen: Sie will nicht der Kirche Macht im Staat verschaffen; sie will auch nicht Einsichten und Verhaltensweisen, die dem Glauben zugehören, anderen aufdrängen, die diesen Glauben nicht teilen. Sie will schlicht zur Reinigung der Vernunft beitragen und dazu helfen, dass das, was recht ist, jetzt und hier erkannt und dann auch durchgeführt werden kann. Die Soziallehre der Kirche argumentiert von der Vernunft und vom Naturrecht her, das heißt von dem aus, was allen Menschen wesensgemäß ist. ... Sie will der Gewissensbildung in der Politik dienen" (DCE 28a). Die Katholische Soziallehre nimmt folglich eine diakonische Funktion im Auftrag der Kirche wahr (DCE 28a). Auf der Basis von Vernunft und Naturrecht trägt sie zur Gewissensbildung in der Politik bei und liefert Motivation zum sozial-politischen wie sozial-caritativen Handeln.[190] Damit hebt die Enzyklika die lebenspraktische Bedeutung der christlichen Sozialverkündigung hervor.

Keinesfalls darf die Kirche den politischen Auftrag des Staates und den politischen Kampf der Parteien an sich reißen, sondern hat durch ihre Christliche Soziallehre der Klärung und Orientierung den politischen Parteien und der Regierung zu dienen. Die gläubigen Laien der Kirche sind dagegen als Staatsbürger aufgerufen, „für eine gerechte Ordnung in der Gesellschaft zu wirken" (DCE 29). Benedikt XVI. ermutigt geradezu die Laien, diesen ihren ureigensten Weltdienst wahrzunehmen, sei es durch die Laienorganisationen oder durch ein politisches Mandat.

Insbesondere angesichts der Globalisierung der Wirtschaft und ihrer sozialen Folgen lädt er dazu ein, in der Soziallehre der Kirche Orientierungsmöglichkeiten zu

---

[190] Vgl. Nothelle-Wildfeuer, a.a.O. 2006.

suchen (DCE 27). So ist für die Politiker wie für die Laien der Kirche in „der schwierigen Situation, in der wir heute gerade auch durch die Globalisierung der Wirtschaft stehen, … die Soziallehre der Kirche zu einer grundlegenden Wegweisung geworden" (DCE 27). Erinnert sei an den Umbruch der Märkte, an den zunehmenden Wettbewerb unter den Arbeitnehmern wie unter den Firmen, an den Zusammenbruch der Finanzierung der staatlichen Sicherungssysteme wie an die Begrenzung der sozialen und medizinischen Versorgungsdienste usw.

Die dementsprechende soziale Anwaltsfunktion für Schwache nehmen in Deutschland beeindruckend der DCV, die Standesverbände der Kirche etc. wahr. Die jedoch von einigen Sozialethikern – als Kritik gegen die Enzyklika – geforderte Rückkehr zu einer direkteren, aktiv-politischen Mitwirkung der Kirche, wie sie seit der Säkularisation erfreulicherweise überwunden ist, wird von dem Sozialethiker L. Roos überzeugend und klar zurückgewiesen.[191]

Auf eine Anfrage an die Gerechtigkeits- und Barmherzigkeitsdiakonie der Kirche gibt der Papst in der Kommentierung seiner Enzyklika selbst eine Antwort[192]: Müsste „man nicht eher eine Rechtsordnung anstreben, wo es keine Bedürftigen mehr gibt und die Caritas somit überflüssig wäre?" Dazu erklärt er: „Zweifellos besteht das Ziel der Politik darin, eine gerechte Gesellschaftsordnung zu schaffen, wo jedem das Seine zuerkannt wird und keiner Not leidet." Aufgabe der Christen – die in öffentlichen Ämtern tätig sind – ist es: „im politischen Handeln der Gerechtigkeit immer neue Wege zu öffnen". Doch da selbst die Gerechtigkeit „die Liebe niemals überflüssig machen" kann, „braucht der Mensch immer die Liebe, die allein der Gerechtigkeit eine Seele gibt."[193]

---

[191] Vgl. Roos, L. a.a.O., 2006.
[192] „Famiglia Cristiana" a.a.O., 2006.
[193] „Famiglia Cristiana" a.a.O., 2006.

6.1.2 Sozial-caritativer Dienst der Kirche für die Gesellschaft

Im 2. Teil der Enzyklika formuliert Benedikt XVI. markant und eindeutig das caritative Selbstverständnis der Kirche und vertritt den *unaufgebbaren Auftrag zur caritativen Diakonie:* „Alles Handeln der Kirche ist Ausdruck einer Liebe, die das ganzheitliche Wohl des Menschen anstrebt: seine Evangelisierung durch das Wort und die Sakramente – ein in seinen geschichtlichen Verwirklichungen oftmals heroisches Unterfangen – und seine Förderung und Entwicklung in den verschiedenen Bereichen menschlichen Lebens und Wirkens. So ist Liebe der Dienst, den die Kirche entfaltet, um unentwegt den auch materiellen Leiden und Nöten der Menschen zu begegnen. Auf diesen Aspekt, auf diesen Liebesdienst möchte ich in diesem zweiten Teil der Enzyklika näher eingehen" (DCE 19).

So wendet sich Benedikt XVI. grundlegend dem spezifischen Stellenwert der *Werke der Barmherzigkeit* im Blick auf eine gerechte Gesellschaft zu, wie es bisher in keiner Sozialenzyklika seiner Vorgänger der Fall war. Im Sinne des christlichen Lebensrealismus weist der Papst auf die Unumgänglichkeit und *Unverzichtbarkeit der Barmherzigkeit* i. S. der Liebestätigkeit der Kirche hin: „Liebe – Caritas – wird immer nötig sein, auch in der gerechtesten Gesellschaft. Es gibt keine gerechte Staatsordnung, die den Dienst der Liebe überflüssig machen könnte" (DCE 28b).

a. Deutlich greift er die diesbezüglichen Irreführungen des *Marxismus* auf, der „behauptet, wer in einer Situation ungerechter Herrschaft dem Menschen karitativ helfe, stelle sich faktisch in den Dienst des bestehenden Unrechtssystems, indem er es scheinbar, wenigstens bis zu einem gewissen Grad, erträglich mache. So werde das revolutionäre Potential gehemmt und damit der Umbruch zur besseren Welt aufgehalten. Deswegen wird karitativer Einsatz als systemstabilisierend denunziert und angegriffen. In Wirklichkeit ist dies eine Philosophie der

Unmenschlichkeit" (DCE 31b). Der Marxismus spricht folglich der Nächstenliebe eine gefährliche kompensatorische Wirkung zu, die zu Lasten der Gerechtigkeit geht bzw. die Existenz ungerechter Lebensbedingungen stützt. Benedikt XVI. macht auf die marxistische Engführung aufmerksam, d.h. auf die utopische Sicht einer gerechten Gesellschaft, die angeblich keiner Liebeswerke bedarf. Dazu weist er auf die kirchliche Soziallehre seiner Vorgänger hin (DCE 27), die das notwendige Zueinander und Miteinander von Gerechtigkeit und Liebe herausstellten. Dem unbestritten richtigen Engagement für eine Ordnung der Gerechtigkeit bzw. eine gerechte Verteilung der Güter der Welt wird durch die caritative Hilfe für Notleidende nichts genommen, sondern das Engagement um gerechte Lebensbedingungen erhält um des konkret Not-Leidenden willen eine unumgängliche humane Ergänzung (DCE 26). „Wer die Liebe abschaffen will, ist dabei, den Menschen als Menschen abzuschaffen. Immer wird es Leid geben, das Tröstung und Hilfe braucht. Immer wird es Einsamkeit geben. Immer wird es auch die Situationen materieller Not geben, in denen Hilfe im Sinn gelebter Nächstenliebe nötig ist" (DCE 28b).

b. Sodann macht er auf Utopie und Grenzen des totalen Versorgungsstaates aufmerksam. Ein Staat, „der alles an sich zieht", wird letztlich „zu einer bürokratischen Instanz, die das Wesentliche nicht geben kann, das der leidende Mensch – jeder Mensch – braucht: die liebevolle persönliche Zuwendung" (DCE 28b). So fordert der Papst im Blick auf die Caritas ein *subsidiäres Verhalten des Staates* gegenüber der sozialen Mitverantwortung der Gesellschaft und der Mithilfe der Kirche. „Nicht den alles regelnden und beherrschenden Staat brauchen wir, sondern den Staat, der entsprechend dem Subsidiaritätsprinzip großzügig die Initiativen anerkennt und unterstützt, die aus den verschiedenen gesellschaftlichen Kräften aufsteigen und Spontaneität mit Nähe zu den hilfsbedürftigen Menschen verbinden" (DCE 28b). Die Ideologie eines „totalen Versorgungsstaates" – sei er wohlfahrtsideologisch oder sozialistisch geprägt – führt zur sozialen Bürokratie, die den Dienst der Liebe ausblendet.

c. Gegenüber der sozialistischen bzw. wohlfahrtsstaatlichen Lenkung und Regulierung findet sich in der Enzyklika ein Plädoyer für die Zivilgesellschaft, die besser als jede Sozialadministration eine menschlich qualifizierte Sozial- und Gesundheitsversorgung sichern kann, wenn die entsprechenden Initiativen subsidiär vom Staat, d. h. ordnungspolitisch wie finanziell, unterstützt werden. Die Kirche will und kann eine solche zivilgesellschaftliche Kraft sein und „ist eine solche lebendige Kraft: In ihr lebt die Dynamik der vom Geist Christi entfachten Liebe, die den Menschen nicht nur materielle Hilfe, sondern auch die seelische Stärkung und Heilung bringt, die oft noch nötiger ist als die materielle Unterstützung. Die Behauptung, gerechte Strukturen würden die Liebestätigkeit überflüssig machen, verbirgt tatsächlich ein materialistisches Menschenbild: den Aberglauben, der Mensch lebe „nur von Brot" (Mt 4,4; vgl. Dtn 8,3) – eine Überzeugung, die den Menschen erniedrigt und gerade das spezifisch Menschliche verkennt" (DCE 28). Gesellschaftstheorien, die vorgeben, durch gerechte Lebensbedingungen (wie z. B. der Sozialismus kommunistischer Länder) oder durch optimale ökonomische Lebensbedingungen (wie der ökonomische Liberalismus der Europäischen Union)[194] die Liebestätigkeit überflüssig zu machen, sind für den Papst lebensfern und zugleich unmenschlich.

d. Kommt den gläubigen Laien die Aufgabe zu, „für eine gerechte Ordnung in der Gesellschaft zu wirken", so ist die caritative Diakonie der Kirche ihr „opus proprium", ihre „ureigenste Aufgabe, in der sie nicht mitwirkend

---

[194] Vgl. die Gesetze und Verordnungen zur sog. Daseinsvorsorge sowie die Förderungsrichtlinien der EU, die vorrangig Unterstützung der Ökonomie und des Arbeitsmarktes im Blick haben, und zwar in der Hoffnung, dass sich infolge einer prosperierenden Wirtschaft die sozialen Probleme selber lösen.

zur Seite steht, sondern als unmittelbar verantwortliches Objekt selbst handelt und das tut, was ihrem Wesen entspricht" (DCE 28b). Gehört die Gerechtigkeitsdiakonie zum Weltdienst der Laien, so ist die Barmherzigkeitsdiakonie spezifische Aufgabe der Kirche. Zur Unterstützung seiner Argumentation verdeutlicht er die *Dienstleistungen der Kirche* für die Gesellschaft: „In dieser Situation sind zahlreiche Formen der Zusammenarbeit zwischen staatlichen und kirchlichen Instanzen entstanden und gewachsen, die sich als fruchtbar erwiesen haben. Die kirchlichen Instanzen können mit der Transparenz ihres Wirkens und der treuen Erfüllung ihrer Pflicht, die Liebe zu bezeugen, auch die zivilen Instanzen mit christlichem Geist befruchten und eine wechselseitige Abstimmung fördern, die zweifellos der Wirksamkeit des karitativen Dienstes nützlich sein wird" (DCE 30b). Er lädt die Bürger und Christen der Länder ein, die sozialpolitische wie die gesundheitspolitische Gesetzgebung entsprechend zu beeinflussen. Im Blick auf die *Unumgänglichkeit des Dienstes der Liebe für die Kirche* hebt der Papst konkretisierend hervor: „Im Laufe der Zeit und mit der fortschreitenden Ausbreitung der Kirche wurde ihr Liebesdienst, die *Caritas*, als ein ihr wesentlicher Sektor zusammen mit der Verwaltung der Sakramente und der Verkündigung des Wortes festgelegt: Liebe zu üben für die Witwen und Waisen, für die Gefangenen, für die Kranken und Notleidenden welcher Art auch immer, gehört genauso zu ihrem Wesen wie der Dienst der Sakramente und die Verkündigung des Evangeliums. Die Kirche kann den Liebesdienst so wenig ausfallen lassen wie Sakrament und Wort" (DCE 22). Noch nie wurde so eindeutig vom Lehramt der Kirche die *caritative Diakonie als grundsätzliche Aufgabe der Kirche* für eine Gesellschaft eingefordert. Der Papst belegt diesen Anspruch mit der caritativen Tradition der frühen Kirche, so wie sie von Ignatius von Antiochien (+ um 117), Justin dem Martyrer (+ ca. 155), Tertullian (+ nach 220) u. a. bezeugt wird (DCE 22).

e. Seine *Schlussfolgerung bzgl. des dritten Grunddienstes der Kirche* lautet: „Das Wesen der Kirche drückt sich in einem dreifachen Auftrag aus: *Verkündigung* von Gottes Wort (kerygma-martyria), *Feier* der Sakramente (leiturgia), *Dienst* der Liebe (diakonia). Es sind Aufgaben, die sich gegenseitig bedingen und sich nicht voneinander trennen lassen. Der Liebesdienst ist für die Kirche nicht eine Art Wohlfahrtsaktivität, die man auch anderen überlassen könnte, sondern er gehört zu ihrem Wesen, ist unverzichtbarer Wesensausdruck ihrer selbst" (DCE 25a). Die Kirche muss also dafür sorgen und evtl. darum kämpfen, diesen Dienst der Liebe in den jeweiligen Ländern unter Wahrung ihrer christlich-humanen Qualitätsansprüche realisieren zu dürfen, erinnert sei an ein mitteleuropäisches Land wie Tschechien, wo die kirchliche Caritas noch immer durch Benachteiligungen und Einschränkungen beeinträchtigt ist.[195] Unbestritten kann das konkrete caritative Engagement in den einzelnen Staaten unterschiedlich entfaltet werden, sei es in Form einer vorwiegend ehrenamtlich geprägten Caritas wie in Spanien oder sei es in Form einer hoch professionalisierten Caritas wie in Deutschland. Nur darf sie trotz unterschiedlicher Wege und Formen ihr spezifisch caritatives Profil nicht aufgeben.

6.2 Doppelter Dienstleistungsauftrag der deutschen Verbandscaritas

a. Für die deutsche Verbandscaritas können sich als *Dienstleister des Staates und als Träger der Diakonie der Kirche* besondere Probleme ergeben: Wie wird sie beispielsweise im Konfliktfall ihren beiden Auftraggebern: Kirche und Staat gerecht, z.B. auf der einen Seite staatlicher Dienstnehmer zu sein und auf der anderen Seite an einer Wesensaufgabe der Kirche mitzuwirken? In der Sat-

---

[195] Vgl. die vom Tschechischen Parlament Anfang 2006 verabschiedete Novelle zum Kirchengesetz, das die Handlungsfreiheit der Kirche in der Leitung von sozialen Einrichtungen einschränkt.

zung des Deutschen Caritasverbandes nach der Fassung vom 04. Mai 1993 definiert der Deutsche Caritasverband sich als Dienstleister zweier Auftraggeber: „§ 1 (1) Der Caritasverband ist die von den deutschen Bischöfen anerkannte institutionelle Zusammenfassung und Vertretung der katholischen Caritas in Deutschland. (2) Er ist Verband der freien Wohlfahrtspflege." Durch die praktische Abhängigkeit der Fachcaritas von den staatlichen bzw. öffentlich-rechtlichen Finanzierungssystemen ist sie „Dienerin zweier Herren". Die damit verbundene Problematik wird in der Bibel bereits beschrieben: „Niemand kann zwei Herren dienen; er wird entweder den einen hassen und den andern lieben, oder er wird zu dem einen halten und den andern verachten. Ihr könnt nicht beiden dienen" (Mt 6,24). Im Fall der Schwangerschaftskonfliktberatung hat sich der Caritasverband eindeutig zum Vorrang seines kirchlichen Auftraggebers mit den daraus resultierenden finanziellen Konsequenzen bekannt. Die damalige Entscheidung stimmt mit der ekklesiologischen Sicht der Enzyklika bezüglich der Caritas voll überein: „Die karitativen Organisationen der Kirche stellen dagegen ihr opus proprium dar, eine ihr ureigenste Aufgabe, in der sie nicht mitwirkend zur Seite steht, sondern als unmittelbar verantwortliches Subjekt selbst handelt und das tut, was ihrem Wesen entspricht" (DCE 29).

Dankenswerterweise ist diese Möglichkeit als sog. *Dritter Weg* durch das *Bundesverfassungsgericht* BVerfGE 24 (16. 10. 1968) und BVerfGE 46 (11. 10. 1977) rechtlich gesichert.[196] Der Kirche wird staatlicherseits hinsichtlich des Tarif-, Personal- und Streikrechts etc. gegenüber anderen Wohlfahrtsverbänden wie Arbeiterwohlfahrt

---

[196] Erinnert sei hier besonders an das entsprechende Engagement des damaligen Justitiars des Deutschen Caritasverbandes Franz Klein (vgl. Klein, F., Das christliche Profil der Verbandscaritas aus rechtlicher Sicht, in: Pompey, Heinrich (Hg.), Caritas im Spannungsfeld von Wirtschaftlichkeit und Menschlichkeit, Reihe „Studien zur Theologie und Praxis der Caritas und Sozialen Pastoral", Bd. 9, Würzburg 1997, 165–175 sowie an das Mitglied der Sozialkommission der Deutschen Bischofskonferenz Prof. Dr. Anton Rauscher SJ (vgl. Rauscher, a.a.O. 1991).

(AWO), Rotes Kreuz, Paritätischer Wohlfahrtsverband etc. ein sog. Dritter Weg zugestanden, weil die caritative Diakonie der Kirche Ausübung der grundgesetzlich gesicherten Religionsfreiheit ist. Voraussetzung für diesen Sonderweg ist, dass das spezifisch religiöse Profil der Caritas tatsächlich praktiziert wird. So stellt das Bundesverfassungsgericht zu Gunsten der Kirche verbindlich fest: „Christliche Liebestätigkeit ist nach dem Selbstverständnis der christlichen Kirchen also etwas anderes als ein sozialer Vorgang, der sich in der Fürsorge für Arme, Elende und Bedürftige aus Mitverantwortung für den Nächsten im Interesse eines friedlichen Zusammenlebens im Staat erschöpft und lediglich aus sozialen Gründen das Existenzminimum des Nächsten sichert, um die Führung eines Lebens in der Gemeinschaft zu ermöglichen, die der Würde des Menschen entspricht" (BVerfGE 24, 249). In einem anderen Urteil (BVerfGE 46 11. 10. 1977) heißt es: „1. Nach Art. 140 GG in Verbindung mit Art. 137 Abs. 3 WRV sind nicht nur die organisierte Kirche und die rechtlich selbständigen Teile dieser Organisation, sondern alle der Kirche in bestimmter Weise zugeordneten Einrichtungen ohne Rücksicht auf ihre Rechtsform Objekte, bei deren Ordnung und Verwaltung die Kirche grundsätzlich frei ist, wenn sie nach kirchlichem Selbstverständnis ihrem Zweck oder ihrer Aufgabe entsprechend berufen sind, ein Stück Auftrag der Kirche in dieser Welt wahrzunehmen und zu erfüllen" (BVerfGE 46,74). Im Zusammenhang mit einer Klage zur Krankenhausfusion des A. Krupp v. Bohlen und Halbach Krankenhauses GmbH mit dem Diakonischen Werk der Evangelischen Kirche im Rheinland e.V. weist das LAG Düsseldorf (Arbeitsgericht Essen 8 TaBV 58/06, 3 BV 3/06 v. 29. 8. 2006, S. 16) darauf hin, dass das Diakonische Werk in der neuen Satzung für diese Kooperationsgemeinschaft verdeutlichen muss, dass auch die integrierte Einrichtung „zwar allen hilfesuchenden Menschen ohne Rücksicht auf Rasse, Nationalität und Glauben dient, dieser Dienst aber in praktischer Ausübung christlicher Nächstenliebe im Sinne der Diakonie als Wesens- und Lebensäußerung

der Evangelischen Kirche geschieht." Deshalb sei festzulegen, „dass die Mitglieder der Organe und die Mitarbeiter in leitender Stellung in der Regel einer Kirche
evangelischen Bekenntnisses angehören müssen. Für die
übrigen Mitarbeiter ist festzulegen, dass sie in der Regel
einer Kirche angehören, die in der Arbeitsgemeinschaft
christlicher Kirchen in der Bundesrepublik Deutschland
und Berlin (West) mitarbeitet." Ferner „muss eine ange-
messene Beteiligung von Vertretern der örtlichen kirchlichen Körperschaften (Kirchengemeinden, Kirchenkrei-
sen, Kirchenverbänden) in den Organen der Einrichtung
sichergestellt sein" (Arbeitsgericht Essen 8 TaBV 58/06, 3
BV 3/06 v. 29. 8. 2006, S. 16).
Selten findet sich in der Weltkirche eine so große Über-
einstimmung zwischen Staat und Kirche hinsichtlich der
spezifischen caritativen Diakonie der Kirche in einer
Gesellschaft. Somit ist die Enzyklika ein exzellentes Dokument, die Berechtigung des Dritten Weges inhaltlich
zu begründen und zu verstärken. Von den theologischen
Optionen der Enzyklika angeregt wirft die verbandliche
Praktizierung des Rechtsvorteils die Frage auf, inwieweit
die deutsche Kirche die ihr gewährten Möglichkeiten einer
dezidiert christlichen Ausrichtung der caritativen Diakonie nutzt. Auch fragt sich, wie lange der verfassungsrecht-
lich gesicherte Dritte Weg und das damit verbundene
christlich-humane Profil einer kirchlichen Caritas – in
Folge einer *Überregulation* der sozialen, medizinischen
und pflegerischen Dienste durch staatlich-administrative
Vorgaben[197] sowie angesichts gravierender Sparmaßnahmen der öffentlichen Hand und die daraus resultierende
zunehmende Verdichtung der Arbeitszeiten etc. – noch
im Rahmen einer fachlich spezialisierten Caritas reali-
sierbar ist? Sollte der Staat die Voraussetzungen für eine spezifisch caritativ-humane Diakonie noch stärker
beschneiden, dann wird die Kirche ihrer verbandlichen

---

[197] Vgl. Pompey, H., Freiheit statt Überregulierung – Für eine sozial-
moralische Revitalisierung der Gesellschaft, in: Die neue Ordnung 59
(2005) 131–139.

Caritas – trotz der Rechtsprivilegien – möglicherweise sagen müssen: „Gebt dem Kaiser, was des Kaisers ist, und Gott, was Gottes ist" (Mt 22,21). Sie muss sich dann auf die Dienstleistungen beschränken, die der Kirche ermöglichen, ihren Dienst an den Armen und Kranken der Gesellschaft in ihrem Geist zu realisieren. Es bleibt den Kirchen in Deutschland nichts anderes übrig, als in ähnlicher Weise ihre caritative Diakonie zu praktizieren, wie sie dies in anderen Ländern der Welt tun, d. h. sich vorwiegend mit Freiwilligen und weniger mit Fachhilfen zu engagieren.

b. Den *Kooperationen der Verbandscaritas mit anderen Wohlfahrtsorganisationen* steht die Enzyklika sehr wohlwollend gegenüber. Den staatlichen und kirchlichen Trägern von Hilfsaktivitäten (DCE 30b) wie den entsprechenden Initiativen – seien sie christlich oder nicht – spricht der Papst in diesem Zusammenhang seine Anerkennung und seinen Dank dafür aus, dass auch sie dazu beitragen, der Kultur des Todes „eine Kultur des Lebens" entgegenzustellen und sich mit ihrer „Bereitschaft des Sich-Verlierens für den Anderen" zu engagieren. Der Papst unterstreicht die Notwendigkeit des Zusammenwirkens der kirchlichen Caritas insbesondere mit den entsprechenden Werken der anderen Kirchen und weist darauf hin, dass es bereits seinem Vorgänger: Johannes Paul II. ein großes Anliegen war, „die Bereitschaft der katholischen Kirche zur Zusammenarbeit mit den karitativen Organisationen der Kirchen und Gemeinschaften" zu erklären (DCE 30).

Seine *Einladung zur Kooperation mit anderen* Organisationen (DCE 34) verbindet der Papst mit dem Hinweis, das eigene *caritasspezifische Profil dabei nicht zu vernachlässigen.* Ohne Abstriche nennt der Papst für die Kooperation wie für die eigene caritative Arbeit als zentrale und konstitutive Elemente des Helfens die *berufliche Kompetenz* (DCE 31a) wie „vor allem Herzensbildung" (DCE 31b). Die christliche Profilierung ihrer caritativen Dienstleistungen ist für die caritative Diakonie der Kirche wichtig, damit „das kirchliche Liebeshandeln seine Leuchtkraft behält und nicht einfach als eine Variante im gemeinen Wohlfahrtswesen aufgeht" (DCE 31). Zur Stützung seiner Option erinnert der Papst an die Magna Charta allen kirchlichen Dienens (1 Kor 13,3), d.h. an das „Hohelied der Liebe" im NT, das die zentralen Charakteristika der caritativen Zuwendung beschreibt. Der Papst stellt klar, dass eine Kooperationsabstimmung „mit den anderen Organisationen im Dienst an den verschiedenen Formen der Bedürftigkeit ... jedoch unter Berücksichtigung des spezifischen Profils des Dienstes geschehen" muss, „den Christus von seinen Jüngern erwartet". Die Kirche kann sich nicht mit einem schlichten sozialen und pflegerischen Helfen zufrieden geben. Christliche Caritas ist mehr als charity, die wohlwollend vom eigenen Überfluss abgibt. Christliche Caritas in der Nachfolge Jesu bedeutet, sich selber hinzugeben, so wie Christus sich hingegeben hat. Eine so geprägte Spiritualität erlaubt kein Helfen von oben herab, sondern erfordert eine personale partnerschaftliche Leidens- und Lebensteilung (DCE 34). Auffällig ist, dass der Papst bei seiner allgemein positiven Beurteilung der Zusammenarbeit mit dem Staat und anderen Organisationen immer wieder die Wahrung des spezifischen christlichen Profils der caritativen Diakonie hervorhebt.

6.3 Befreiungstheologische Aspekte einer Gesellschaftsveränderung

Direkt geht die Enzyklika nicht auf die Verhältnisbestimmung von Staat und Kirche bzw. Gesellschaft und Christlichem Glauben in der Weise der sog. Befreiungstheologie ein. Der Papst betont jedoch positiv einige sozial-theologische Aspekte, die der Befreiungstheologie nahestehen, während er andere Aspekte dieser Theologie sehr different sieht.[198]

---

[198] Ein kurzer und verständlicher Überblick zur theologisch-kritischen Auseinandersetzung J. Ratzingers als Theologe und Präfekt der Glau-

a. Die kritischen *Bemerkungen zum Marxismus* lassen sich z. B. in Richtung mancher Ausformungen der Befreiungstheologie verstehen.[199] So warnt der Papst vor einer marxistisch geprägten Gesellschaftsanalyse und den revolutionären Strategien des Marxismus zur Veränderung der Gesellschaften: „Der Marxismus hatte die Weltrevolution und deren Vorbereitung als das Allheilmittel für die soziale Problematik vorgestellt: Durch die Revolution und durch die damit verbundene Vergesellschaftung der Produktionsmittel sollte – so diese Lehre – plötzlich alles anders und besser werden. Dieser Traum ist zerronnen"(DCE 27). „Zur marxistischen Strategie gehört die Verelendungstheorie. Sie behauptet, wer in einer Situation ungerechter Herrschaft dem Menschen karitativ helfe, stelle sich faktisch in den Dienst des bestehenden Unrechtssystems, indem er es scheinbar, wenigstens bis zu einem gewissen Grad, erträglich mache. So werde das revolutionäre Potential gehemmt und damit der Umbruch zur besseren Welt aufgehalten" (DCE 31 b).

b. Demgegenüber wird ein engagiertes *demokratisches,* jedoch gewaltfreies *Engagement für Gerechtigkeit* und zur Herstellung von gerechten Lebensbedingungen von der Enzyklika unterstützt und vom Papst als Aufgabe der Laien gefordert: „Die unmittelbare Aufgabe, für eine gerechte Ordnung in der Gesellschaft zu wirken, kommt dagegen eigens den gläubigen Laien zu. Als Staatsbürger sind sie berufen, persönlich am öffentlichen Leben teilzunehmen" (DCE 29). Die politische Umsetzung oder auch Durchsetzung geordneter gerechter Lebensbedingungen ist primäre Aufgabe des jeweiligen Staates und seiner Politiker. „Die Kirche kann nicht und darf nicht den politischen Kampf an sich reißen, um die möglichst

---

benskongregation in den vergangenen 30 Jahren findet sich in: Kissler, Der deutsche Papst, a.a.O. 2005.
[199] Vgl. zur Unterscheidung der verschiedenen Richtungen: Herr, T., Was wurde eigentlich aus der Befreiungstheologie – Die Selbstkorrektur von Gustavo Gutierrez, in: Die Tagespost v. 16. 06. 2005, 6; ebs. Gutierrez, G., Müller G. L., An der Seite der Armen, Augsburg 2001.

gerechte Gesellschaft zu verwirklichen" (DCE 28a). „Da
es sich um eine politische Aufgabe handelt, kann dies
nicht der unmittelbare Auftrag der Kirche sein" (DCE
28a). Getreu dem Wort Jesu: „Gebt dem Kaiser, was des
Kaisers ist, und Gott, was Gottes ist" (Mt 22,21) ord-
net der Papst dem Staat zu, was seine Aufgabe ist, und
beansprucht für die Kirche als Institution keine direkte
Mitwirkung bei den Staatsgeschäften. Die Gestaltung des
politischen Lebens ist Aufgabe der Bürger und damit der
christlichen Bürgerschaft, so wie es seit der Mitte des 19.
Jahrhunderts in Deutschland durch die Katholikentage
oder die kirchlichen Berufsverbände sowie durch die Katholische Soziale Aktion der Weltkirche bis hin zur polni-
schen Solidaritätsbewegung eindrucksvoll von Katholiken
in den letzten 200 Jahren effektvoll und engagiert gelebt
wurde und wird. Der pluralen Zivilgesellschaft spricht
der Papst die Gestaltungsverantwortung zu und bekennt
sich zum demokratischen Staatsverständnis. Die Kirche
hat aus ihrer Geschichte gelernt, wie verhängnisvoll die
Übernahme von staatlichen Aufgaben oder die direkte
Mitwirkung bei politischen Entscheidungen sein kann,
erinnert sei an die Zeit der Fürstbischöfe seit dem Mittelalter in Europa, an den Kirchenstaat seit der Schenkung
durch Kaiser Konstantin etc. Der Glaubwürdigkeit der
Kirche war diese Praxis nicht dienlich, auch wenn heute
katholische Sozialethiker die bewährte politische Absti-
nenz der Amtskirche bedauern.[200] Sozialprophetisch und
damit politisch-kritisch sagt der Papst mit Augustinus:
„Ein Staat, der nicht durch Gerechtigkeit definiert wäre, wäre nur eine große Räuberbande" (DCE 28a). Der
Kirche fällt beim Aufbau einer gerechten Gesellschaft die
reinigende Funktion der praktischen Vernunft zu: „Die
Kirche hat dabei eine mittelbare Aufgabe insofern, als ihr
zukommt, zur Reinigung der Vernunft und zur Weckung
der sittlichen Kräfte beizutragen" (DCE 29).

---

[200] Vgl. z. B. KNA, „Gewisse Schieflage", a.a.O. 2006. Vgl. Die kritische Replik: Roos, L., a.a.O. 2006.

c. Zum Aufgabenprogramm der Kirche und ihrer Gemeinden gehört demgegenüber die caritative Diakonie für die Leidenden einer Gesellschaft (DCE 29). Die Solidaritätskultur, wie sie in lateinamerikanischen Gemeinden u. a. durch die Befreiungstheologie gefördert wurde und heute gelebt wird, findet durch die Enzyklika mit der Option Benedikt XVI. für Gemeinde als „Gemeinschaft der Liebe" ein deutliche Unterstützung. Durch konkrete Lebens- und Leidensteilung leisten die Gemeinden und damit die Kirche ihren ureigensten Beitrag zur Befreiung aus Not und Leid, zumal keine Staatsordnung den konkreten Dienst der Liebe ersetzen kann: „Liebe – Caritas – wird immer nötig sein, auch in der gerechtesten Gesellschaft. Es gibt keine gerechte Staatsordnung, die den Dienst der Liebe überflüssig machen könnte" (DCE 28b).

d. Ein weiteres Grundanliegen der Befreiungstheologie thematisiert Benedikt XVI. positiv und zeigt eucharistie- bzw. caritastheologisch den inneren Zusammenhang von *contemplatio und actio,* von Mystik und Engagement auf. Gottesbeziehung und Nächstenbeziehung bilden eine Einheit: „Wenn die Berührung mit Gott in meinem Leben ganz fehlt, dann kann ich im anderen immer nur den anderen sehen und kann das göttliche Bild in ihm nicht erkennen. Wenn ich aber die Zuwendung zum Nächsten aus meinem Leben ganz weglasse und nur ‚fromm' sein möchte, nur meine ‚religiösen Pflichten' tun, dann verdorrt auch die Gottesbeziehung" (DCE 18). Glaube und Handeln lassen sich ebenso wenig trennen wie Eucharistie und soziale Diakonie: „Die ‚Mystik' des Sakraments hat sozialen Charakter. Denn in der Kommunion werde ich mit dem Herrn vereint wie alle anderen Kommunikanten" (DCE 14). Es gibt keine Liturgie, die nicht zugleich sozial ist. Auch das war ein Anliegen der Befreiungstheologie.[201]

---

[201] Vgl. Adveniat (Hg.), Dokumente von Medellin, Essen 1968 – Sämtliche Beschlüsse der II. Generalversammlung des lateinamerikanischen Episkopates Medellin 1968, 87–93.

e. Die Erinnerung an die *urkirchliche materielle Koino-nia* (DCE 20) assoziiert eine Option für einen caritativen Quasi-Sozialismus – selbstverständlich mit ganz anderen Voraussetzungen und Praxiskonsequenzen, als sie im Sozialismus bzw. Kommunismus gegeben waren. Ähnliche Gedanken finden sich in befreiungstheologischen Vorstellungen zur sozialen Kultur einer Gemeinde: „Der Kern, um den es ging, blieb aber bestehen: Innerhalb der Gemeinschaft der Gläubigen darf es keine Armut derart geben, dass jemandem die für ein menschenwürdiges Leben nötigen Güter versagt bleiben" (DCE 20). In dieser Weise greift der Papst berechtigte und kritische befreiungstheologische Anliegen auf.

7. Teil
Die ökumenische und interreligiöse Bedeutung der Enzyklika

7.1 Die Enzyklika als ein ökumenisches Dokument

Auch wenn die Enzyklika sich zunächst an die Bischöfe, Priester und Diakone der katholischen Kirche wendet, so spricht der Papst in seiner Adressierung ebenfalls alle Christgläubigen an, also nicht nur die Laien der katholischen Kirche, sondern alle, die an Christus glauben. Somit versteht sich die Enzyklika ökumenisch.[202] Darüber hinaus ist die theologische Begründungsart des Lehrschreibens sehr ökumenisch, indem der Papst vor allem biblisch argumentiert und auf die gemeinsamen Wurzeln des abendländischen Denkens zurückgreift. Somit werden die caritas-theologischen Optionen in einer Weise vorgestellt, wie sie von anderen Kirchen akzeptiert und nicht ganz anders gesehen werden können. Vielleicht vermissen orthodoxe Christen eine stärkere Einbeziehung der östlichen Väter wie Chrysostomus und Basilius d. Gr., die ohne Zweifel zu den ersten christlichen Protagonisten der caritativen Diakonie der Universalkirche gehören. Ob die etwas zurückhaltendere Väter-Argumentation aus Rücksicht auf die reformatorischen Kirchen geschah, lässt sich nicht feststellen.

Ferner spricht der Papst in seinem Lehrschreiben nicht dogmatisch und indoktriniert nicht, sondern er argumentiert katechetisch, d.h., er verbindet Plausibilität mit der Bezeugung (Martyria) des Glaubens. Er belehrt nicht wie eine Amtsperson und formuliert nicht juridisch, sondern legt spirituell-existentiell als Bruder im Glauben seine Sicht der caritativen Theologie und Praxis dar. Will Benedikt XVI. in dieser Weise und durch die Entfaltung

---

[202] Der Papst hält sich jedoch zurück, die Amtsträger der anderen Kirchen ungefragt direkt anzusprechen.

des verbindenden gemeinsamen caritativen Glaubens der Rückkehr zur Einheit der Kirche einen entscheidenden neuen Impuls geben? Kann die Theo-logik der Caritas Christi Schlüssel und Quelle eines beginnenden Konsenses der Christenheit sein? Dies ist möglich, da die caritativ-diakonische Theo-logik der Kirchen fast nur gemeinsame und keine grundsätzlich trennenden Unterschiede kennt. Glaube und Leben sind im Bereich der caritativen Zuwendung zu Kranken und Notleidenden, sei sie Caritas, Diakonie, Barmherzigkeit (Bezeichnung der Caritas in der Nordostorthodoxie) oder Philanthropie (Bezeichnung der Caritas in der Südostorthodoxie) genannt, theologisch vereint. Insgesamt gibt der Papst mit diesen Gedanken der Einheit der Kirchen einen wichtigen theologischen Impuls. Wird auf diese Weise der älteste ökumenische Ehrentitel des römischen Bischofs seit dem 1. Jahrhundert: *Vorsitzender in der Liebe* leichter verstehbar und annehmbar?[203] So konnte der griechisch-orthodoxe Metropolit von Deutschland Augoustinos Labardakis in seiner Einschätzung der Enzyklika den Hinweis des Papstes zu Ignatius von Antiochien (35–117), der die Kirche von Rom als *„Vorsitzende in der Liebe"* bezeichnet, wohlwollend aufgreifen, insbesondere angesichts der offenen Vorstellung von Benedikt XVI. zu einem möglichen Verständnis des Petrusamtes: „Jede der Kirchen (des Ostens und des Westens) möge den Primat des Bischofs von Rom in der gleichen Weise auffassen, wie sie dies in der ungeteilten Kirche getan hatte."[204]

Der Papst selbst sieht im Zusammentreffen der Veröffentlichung seiner Enzyklika mit der Gebetswoche für die Einheit der Christen anlässlich des Festtages Pauli

---

[203] Ignatius von Antiochien, Ad Romanos, vgl. Winterswyl, L. A., Zeugen des Wortes – Die Briefe des Heiligen Ignatius von Antiochien, Freiburg 1938, 36.

[204] Vgl. Labardakis, A., Heimkehr am Abend eines langen Tages – Brief eines Mitbruders im Bischofsamt, in: Benedikt XVI., Gott ist die Liebe – Die Enzyklika „Deus Caritas est" – Vollständige Ausgabe – Ökumenisch kommentiert von Bischof W. Huber, Metropolit A. Labardakis, K. Kardinal Lehmann, Freiburg 2006, 113–119, 116.

Bekehrung und der gleichzeitig in Rom stattfindenden Sitzung zur Vorbereitung der dritten Europäischen Ökumenischen Versammlung in Sibiu/Rumänien September 2007 eine ökumenische Herausforderung für seine Enzyklika, wie Kardinal Kasper hervorhebt.[205] Deutlich unterstreicht der Papst die Sinnhaftigkeit des praktischen Zusammenwirkens der Caritas der katholischen Kirche mit den entsprechenden *Werken der anderen Kirchen* und weist darauf hin, dass dies bereits seinem Vorgänger: Johannes Paul II. ein großes Anliegen war. Darum lädt auch er zu einem gemeinsamen caritativ-diakonischen Zeugnis der Christen und der Kirchen zum Wohl der physisch und sozial Leidenden in unseren Gesellschaften ein: „Ich möchte an dieser Stelle ausdrücklich bekräftigen, was mein großer Vorgänger Johannes Paul II. in seiner Enzyklika ‚Sollicitudo rei socialis' geschrieben hat, als er die Bereitschaft der katholischen Kirche zur Zusammenarbeit mit den karitativen Organisationen dieser Kirchen und Gemeinschaften erklärte, da wir ja alle von der gleichen Grundmotivation ausgehend handeln und so das gleiche Ziel vor Augen haben: einen wahren Humanismus, der im Menschen das Ebenbild Gottes erkennt und ihm helfen will, ein Leben gemäß dieser seiner Würde zu verwirklichen. Die Enzyklika ‚Ut unum sint' hat dann noch einmal betont, dass für eine Entwicklung der Welt zum Besseren hin die gemeinsame Stimme der Christen und ihr Einsatz nötig ist, damit ‚der Achtung der Rechte und der Bedürfnisse aller, besonders der Armen, der Gedemütigten und der Schutzlosen zum Sieg verholfen wird'. Ich möchte an dieser Stelle meine Freude darüber ausdrücken, dass dieser Wunsch in der ganzen Welt in zahlreichen Initiativen ein breites Echo gefunden hat" (DCE 30).[206]

Vielleicht ist es über die vom Papst nahegelegten Kooperationen hinaus möglich, sogar eine volle organisatorische

---

[205] Vgl. Schidelko, J. (KNA), Mit Interesse erwartet, in: Kirche und Leben (2006) 3.
[206] Ebenso in DCE 27.

Einheit der diakonischen Dienste der Kirchen zu erreichen? Theologisch ist dies um ein Wesentliches leichter als eine gemeinsame Eucharistie-Praxis zu begründen und zu leben. Könnte etwa ein – aus der caritativen Liebe resultierender – gemeinsamer Dienst zur Quelle bzw. zum Fundament der *einen Kirche* werden?[207] Ereignet sich möglicherweise die Einheit der Kirchen über die gemeinsame Diakonie, die dann in einer gemeinsamen Eucharistie ihre Vollendung findet? Gelingt das Zeugnis einer gemeinsamen caritativen Diakonie aller Kirchen – so dass die Menschen trotz Leid und Not erfülltes Leben finden können (Joh 10,10) –, dann werden die Menschen Gott den Vater preisen (Mt 5,16), d. h. eine gemeinsame Danksagung (Eucharistie) an Gott wird sich ereignen. Es führt der Weg zur erhofften gemeinsamen Feier der Liturgie über die gemeinsame Diakonie und nicht umgekehrt. Dem gemeinsamen liturgischen Feiern des Glaubens sollte das gemeinsame caritativ-diakonische Handeln und Bezeugen des Glaubens vorausgehen. Die gemeinsame caritative Diakonie für Leidende und Suchende evoziert zudem im Kreis der ernsthaft Engagierten die Fragen nach den Kraftquellen und den Sinnperspektiven des Helfens und damit zur Martyria des eigenen Glaubens.

---

[207] Auch wenn der Papst – noch in seiner Zeit als Bischof und Theologe – einen pragmatischen Weg zur Einheit kritisch beurteilt (vgl. Hoping, a.a.O. 2005), so ist nicht von der Hand zu weisen, dass ein gemeinsamer caritativer Dienst für leidende Menschen die existentiellen Fragen nach den Quellen der Kraft im Sinne des Glaubens und nach der Inspiration wie den Visionen der Hoffnung evoziert und somit ein Weg der Entdeckung der gemeinsamen Wahrheit des Glaubens sein kann. Vielleicht ist die Wiederannäherung der Orthodoxie an die westliche Christenheit nur über einen theologisch-geistlichen Erfahrungsaustausch im Kontext der Leidenserfahrungen der Menschen möglich und so eher erreichbar als mit Hilfe von Theologen-Konferenzen. Durch diese Verankerung des Glaubens in der Erfahrung der Menschen ist der Glaube leichter zu erkennen als mit Hilfe systematisch-theologischer Einheitsgespräche, vgl. Pompey, H., Diakonie im interreligiösen und interkulturellen Dialog, in: Ruddat, G., Schäfer, G. K. (Hg.), Diakonisches Kompendium, Göttingen 2005, 158–186.

7.2 Die Enzyklika als Brücke zur Orthodoxie

Die *ökumenischen Begegnungen mit der Orthodoxie* sind in den letzten Jahren u. a. gekennzeichnet von einer neuen Wachheit und Sensibilität seitens der Orthodoxie für sozial-caritative Dienste zum Wohl der leidenden Menschen. In Gesprächen zur Praxis der westkirchlichen Caritas und Diakonie fragen orthodoxe Christen nach den geistlichen Quellen der fachlich beeindruckenden westkirchlichen Caritas und Diakonie. Sie möchten ihrerseits entdecken, was für ihre eigene Barmherzigkeits-Praxis bzw. für die eigene Philanthropie-Praxis theologisch grundlegend und damit motivierend ist. Die Enzyklika ist aus dieser Perspektive ein ökumenisches Gesprächsangebot, d. h. ein pontifikales, ein brückenbauendes Dokument.

a. Vor allem die Theo-logik der Caritas, der Diakonie, der Barmherzigkeit bzw. der Philanthropie ist im Blick auf die orthodoxen Ostkirchen frei von theologischen Divergenzen. Das *eucharistische Caritasverständnis*, d. h. die liebende Hingabe des Vaters über den Sohn durch den Heiligen Geist im Leiden und Sterben Jesu und in der realen Präsenz des Mysteriums der Eucharistie entspricht dem orthodoxen Verständnis der inneren Nähe von Eucharistie und Diakonie. Übereinstimmend wird eine innere Einheit der Tische des Wortes, des Brotes und des caritativen Dienstes gesehen. Für die West- wie die Ostkirche entspringt die christliche Caritas bzw. Philanthropie aus der heiligen Liturgie und kann nicht davon getrennt werden. So hebt der griechisch-orthodoxe Metropolit Augoustinos im Blick auf die Enzyklika hervor, dass der Papst erfreulicherweise „in Anlehnung an den frühchristlichen Martyrer Justinus die Diakonie der Kirche auch mit der Eucharistie" verknüpft.[208] Der Metropolit zeigt sich beeindruckt von der Feststellung des Papstes: „Die Kirche kann den Liebesdienst so wenig

---

[208] Vgl. Labardakis, a.a.O. 115.

ausfallen lassen wie Sakrament und Wort."[209] Er ist mit dem Papst der gleichen theologischen Meinung, „dass Martyria, Leiturgia und Diakonia der Kirche nicht voneinander zu trennen sind."[210] Christliche Barmherzigkeit ist Liturgie nach der Liturgie.[211] Im Westen wie im Osten standen daher – seit dem späten Altertum und dem frühen Mittelalter – die Einrichtungen der Caritas in direkter Nähe zu den Kirchen.[212]

Diese Sichtweise ist seit der Reformationszeit verblasst, u. a. bedingt durch die Zwei-Reiche-Lehre Luthers, die in protestantischen Ländern des 16. Jahrhunderts z. B. zur totalen Übernahme der caritativen Dienste und Einrichtungen durch die Landesfürsten führte. Die Gottesdienste oblagen dem evangelischen Pastor bzw. der Pfarrgemeinde, die Nächstendienste dem Fürsten bzw. der weltlichen Gemeinde. Die Einheit von Eucharistie und Diakonie zerbrach im Bewusstsein der westlichen Menschen, so dass heute selbst bei vielen MitarbeiterInnen der katholischen Caritas die innere Verbundenheit von Eucharistie und Diakonie nicht mehr bewusst, ja eher fremd und unverständlich ist. In der Ostkirche blieb das Zueinander von Eucharistie und Diakonie dagegen deutlicher bewusst.

b. Auch die Betonung einer *Dynamisierung der Agape durch den geläuterten Eros* kann in der vom Papst begründeten und beschriebenen Weise bei Orthodoxen keine Rezeptionsschwierigkeiten bereiten, zählt doch die Verbundenheit von Leiblichkeit und Geistigkeit, von Leib und Geist im Menschen zur Lehrtradition der Ostkirche. Verwiesen sei auf die Sinnenhaftigkeit und

---

[209] Ebd.
[210] Vgl. Labardakis, a.a.O. 116.
[211] Vgl. Federov, V., Aspekte der neuesten Entwicklung der russisch-orthodoxen Kirche, in: Pompey, H. (Hg.), Caritas – Das menschliche Gesicht des Glaubens: ökumenische und internationale Anstöße einer Diakonietheologie, Reihe „Studien zur Theologie und Praxis der Caritas und Sozialen Pastoral", Bd. 10, Würzburg 1997, 184–190.
[212] Vgl. Pompey, Caritas professionell jedoch „häretisch", a.a.O. 2006.

Schönheit der orthodoxen Liturgie, d. h. auf die leibliche und geistige Prägung der liturgischen Handlungen, die die Verbundenheit von Eros und Agape in der liebenden Beziehung zu Gott ausdrückt. Auch das Verständnis der Eros-Agape Gottes zu seinem Volk und daraus resultierend der Menschen in Liturgie und Diakonie verbindet die beiden Traditionen. Ost- und Westkirche kennen heftige Auseinandersetzungen im Zusammenhang mit der Ablehnung des Eros-geleiteten Sinnhaften und Leiblichen aus der z. T. gemeinsamen Spiritualitätsgeschichte und optieren für eine Bejahung der Leiblichkeit und Geistigkeit des Menschen. Der Mensch darf nicht allein nach der Wahrheit, sondern soll ebenso nach der Schönheit Gottes Ausschau halten und sie zu „be-greifen", d. h. zu berühren suchen. Das Leben in Heiligkeit ist nicht allein ein Streben nach Wahrheit bzw. nach dem Guten, sondern auch nach der Schönheit Gottes. Eine sehr bekannte asketische Schrift der Ostkirche nennt sich „Philokalie", d. h. „Liebe zum Schönen". Die Motivation zur „Philokalie" gründet in der begehrenden Liebe. M. Schneider hebt hervor: „Während die christologische Tradition von Antiochien den Nachdruck auf die Offenbarung des Logos in seiner Menschheit legt, betont die pneumatologische Tradition von Alexandrien gerade die Schönheit des Göttlichen. Diese strahlt im Wirken des Heiligen Geistes auf, der das Antlitz der Erde mit seiner göttlichen Schönheit erneuert. Für Kyrill von Alexandrien ist es das Spezifikum des Pneumas, Geist der Schönheit zu sein und dem ganzen Kosmos Anteil an der Schönheit der göttlichen Natur zu geben. Der Heilige Geist erneuert den Erdkreis mit göttlicher Schönheit (vgl. Weish 1,7)."[213]

Die Verbundenheit von Leib und Geist, von Eros und Agape in der barmherzigen, caritativen Zuwendung zum Leidenden und Hilfesuchenden findet sich für beide Kirchentraditionen im Hauptgebot Jesu formuliert, d. h. Gott zu lieben mit ganzem Herzen, mit ganzer Seele und mit allen Gedanken (Mt 22,37), also das Herz und damit

---

[213] Vgl. Schneider, a.a.O. 2006.

den Eros in der Beziehung zu Gott und zu den Menschen sprechen zu lassen. Die in der West- und Ostkirche gebrauchten biblischen Worte „B-arm-herzig-keit" bzw. „Miseri-cordia" und die entsprechenden slawischen Begriffe – die das Wort „Milos" enthalten – weisen darauf hin, dass das Herz die helfende Beziehung prägen soll. Auch bei den Vätern findet sich diese Option. Erinnert sei an Chrysostomus, der die innere Verbundenheit von Gottes- und Menschenliebe wie folgt verdeutlicht: „Das Liebesfeuer Gottes sucht Anlass, sich unter die Menschen entzünden zu lassen, wenn du ihm Anlass gibst, vorübergehend zu funkeln, dann zündest du die ganze Flamme seiner wohltätigen Liebe an."[214]

c. Im Blick auf die *Unbegreiflichkeit des Leids* unterstützt Metropolit Augoustinos die Ausführungen des Papstes zur „Frage nach dem Sinn des Leidens in der Welt und der Verantwortung Gottes"[215] und verweist – wie die Enzyklika – auf Augustinus: „Si comprehendis, non est Deus – Wenn du ihn verstehst, dann ist er nicht Gott" (DCE 38).

d. Es fällt gegenüber diesen Übereinstimmungen auf, dass der Papst die für die orthodoxe Barmherzigkeits- bzw. Philanthropiediakonie relevante *Spiritualität der Theosis-Lehre* nicht explizit aufgreift. Er thematisiert jedoch, dass durch die Liebe die verlorene Ebenbildlichkeit des Menschen mit Gott wieder transparent und wieder ermöglicht wird (DCE 17). Die Theosis-Lehre, d. h. die christliche Lebensperspektive der Vergöttlichung des Menschen, wurde von Anthanasius (um 328) grundgelegt. Bekannt ist seine Feststellung: „Gott wurde Mensch, damit der Mensch Gottes teilhaft werde."[216] Wenn auch in der katholisch-spirituellen Praxis der Theosis-Spiritualität kei-

---

[214] Vgl. Johannes Christostomos, Scieri, III, in: Parinti si Scriitorie Bisericesti, Nr. 23. Institutului Biblic si de Misiune al Bisericii Ortodoxe Romane, Bucuresti 1994, 290.
[215] Vgl. Labardakis, a.a.O. 116f.
[216] Athanasius, De incarnatione, 54.

ne so zentrale Rolle zukommt wie in der Orthodoxie, so bestimmt sie doch das katholische christliche Verständnis vom Lebensziel des Menschseins. Dieses Verständnis findet sich in der westkirchlichen Liturgie wie auch in ihren Gottesdienstgesängen, zum Beispiel wenn in der Hl. Messe bei der Opferbereitung der Priester spricht: „Wie das Wasser sich mit dem Wein verbindet zum heiligen Zeichen, so lasse uns dieser Kelch teilhaben an der Gottheit Christi, der unsere Menschennatur angenommen hat." Auch die mit der Theosis-Spiritualität verbundene Himmelsleitervorstellung[217] wird in der Enzyklika nur indirekt angesprochen[218]: „Die ‚Mystik' des Sakraments, die auf dem Abstieg Gottes zu uns beruht, reicht weiter und führt höher, als jede mystische Aufstiegsbegegnung des Menschen reichen könnte" (DCE 13).

e. Im Sinne der *mariologischen Spiritualität* der katholischen Kirche schließt der Papst seine Enzyklika mit einem Lob auf die Gottesmutter und stellt Maria als Mutter des Glaubens und der Liebe vor. Maria ist der caritativen Vergöttlichung (Theosis) voll teilhaftig geworden und hat die caritative Gottebenbildlichkeit wiedererlangt (d. h., sie ist voll der Gnaden), wie es die Feste Maria Himmelfahrt und Maria Krönung u. a. beschreiben. Ihre Liebe war nur möglich „durch die innerste Einung mit Gott, durch das Durchdrungensein von ihm" (DCE 42). Ebenso nennt Benedikt XVI. viele Heilige der Kirche, die von der göttlichen Liebe erfasst den Menschen in Liebe zugetan waren (vgl. DCE 40) und die göttlich-menschliche Liebe in sich mit der Gnade Gottes vollendeten. Mit Maria sind die Heiligen Beispiele der Theosis, nichts anderes drückt ihre Heiligsprechung aus. In diesem Sinne kommt in der Enzyklika der Aspekt der Theosis gemäß katholischer Verstehensweise voll zum Tragen. Dass der Papst vorrangig westliche Heilige nennt, geht möglicher-

---

[217] Sie geht auf den Mönchsvater Johannes Klimax († 649) vom Berg Sinai und sein Buch: Κλῖμαξ τοῦ παραδείσου [Die Himmelsleiter] zurück.

[218] Dagegen nennt er die Jakobsleiter, vgl. DCE 7.

weise darauf zurück, dass seit der Kirchenspaltung 1054 die Heiligen der West- oder Ostkirche – die nach der Trennung zur Ehre der Altäre erhoben wurden – jeweils nur in der eigenen Kirche verehrt werden.[219]

Ergänzend thematisiert der Papst die katholische Spiritualitätstradition der *Imitatio Christi* und die damit zusammenhängende Verehrung der sozialen Heiligen als Vorbilder christlichen Lebens. Da das Verständnis der Heiligkeit und der „Imitatio Christi" in der caritativen Spiritualitätstradition der Ost- wie der Westkirche – zwar unterschiedlich stark – anzutreffen ist, handelt es sich im Blick auf das Theosisverständnis lediglich um eine unterschiedliche Akzentsetzung.

Im Marien-Hymnus, der die Enzyklika abschließt, vollendet der Papst nach Meinung des Metropoliten Augoustinos seine theologischen Reflexionen. Dieser Text ist für ihn mehr „als ein Gedicht und mehr als ein Gebet. Er verbindet beides miteinander und nimmt noch einmal das Grundthema ‚Gott ist die Liebe' auf, diesmal in marianischer Manier. Es ist wie in der Göttlichen Liturgie meiner Kirche; am Ende einer jeden Fürbitte leiten wir zum trinitarischen Lobpreis über, indem wir die Gottesmutter erwähnen: ‚Unserer allheiligen, allreinen, über alles gepriesenen, ruhmreichen Herrin, der Gottesgebärerin und immerwährenden Jungfrau Maria und aller Heiligen gedenkend, wollen wir uns selbst und einander und unser ganzes Leben Christus, unserem Gott, befehlen'."[220]

f. Warum Benedikt XVI. die in der Ost- wie in der Westkirche hoch verehrten *Caritas-Väter Johannes Chrysostomus und Basilius d. Gr.* nicht erwähnt und auch nicht zitiert, bleibt offen. Schließlich gehen auf Basilius d. Gr. (330–379) die „Basiliaden", die Einrichtungscaritas[221] der Klöster in Ost und West sowie die Gründung der spä-

---

[219] Dies ist sicher auch eine ökumenisch relevante Perspektive, die Heiligsprechungen gegenseitig anzuerkennen.

[220] Vgl. Labardakis, a.a.O. 118f.

[221] Vgl. Sotoniakova, a.a.O. 1999.

teren adeligen Laienorden z. B. des hl. Johannes[222], des hl. Lazarus[223], des hl. Georg[224] etc. sowie der bürgerlichen sozialen Bruderschaften aus Priestern und Laien im Hochmittelalter zurück, die die ersten Helfer wie Träger caritativer Häuser für Fremde und Arme waren und bereits damals die pflegerische Hilfe mit einer geistlichen Ausrichtung verbanden.[225] Als leuchtende Beispiele der bischöflichen Verantwortung für die caritative Diakonie hätten sie genannt werden können (DCE 32). Wie Basilius d. Gr. mit seinen Stätten der Barmherzigkeit, den sogenannten „Basiliaden"[226] Exponent der Helferfunktion (d. h. der Mikro-Philanthropie/Diakonie) ist, so trifft dies bezüglich der Anwaltsfunktion (d. h. der Makro-Philanthropie/Diakonie) für Johannes Chrysostomus (354–407) zu. Die radikale Option, d. h. die prophetische Anwaltsfunktion für die Armen und Schwachen des heiligen Johannes Chrysostomus, der den Ehrentitel „Prediger des Almosens" erhielt, sei durch einige Zitate angedeutet: „Liebe besteht nicht aus Worten, sondern aus Taten."[227] „Wenn die Taten fehlen, ist der Name Christenmensch nutzlos."[228] „Alle Werke der Frömmigkeit nützen nichts ohne Philanthropie."[229] „Wer nicht barmherzig ist und kein Almosen gibt, ist kein Mensch mehr."[230] „Gott hat dem einen mehr an Gütern gegeben als dem anderen, damit er dem Bedürftigen mitteile. Die Reichen sind Verwalter für die Armen."[231] Ähnliche Gedanken

---

[222] D.h. der heutige Malteserorden.

[223] D.h. der heutige Hospitalorden des hl. Lazarus zu Jerusalem.

[224] D.h. der heutige Ritterorden des hl. Georg zu Burgund.

[225] Sotoniakova, a.a.O. 1999.

[226] Darüber hinaus sind aber auch Ekklesiologie, Pneumatologie, Soteriologie und Mariologie praxisleitend für die Philanthropie. Ihre spirituelle Bedeutung für die soziale Diakonie ist nur in einer eigenen, längeren Abhandlung darzulegen.

[227] Patrologia Graeca (PG), V. J. P. Migne (Hg.) 167 Bde. Paris 1857–66, Bd. 61, 516.

[228] PG 60, 447.

[229] PG 31, 261 f.

[230] PG 58, 524.

[231] Liese, a.a.O. 1922, 87.

wie bei Chrysostomus finden sich in der Enzyklika. Sie werden nur nicht durch ihn begründet. In der West- wie in der Ostkirche wird Chrysostomus eher als Vater der Göttlichen Liturgie und zu wenig als Vater der caritativen Diakonie gesehen. Dieses ist leider eine bedauerliche ökumenische Gemeinsamkeit. Die Entwicklung konkreter Hilfseinrichtungen und -dienste geht im Sinne der Helferfunktion genuin auf Basilius den Großen zurück. Er errichtete vor den Toren Cäsareas[232] – unter Einbeziehung von Mönchen – ein großes caritatives Dienstleistungszentrum mit Fremdenhospiz und Armenhospital einschließlich ärztlicher Versorgung, Pflege, Werkstätten und Transportdiensten. Ein gleiches Zentrum gründete er in Antiochien.[233] Die gemeinsame caritastheologische und caritaspraktische Lehre der Väter stellt einen bedeutenden Baustein der praktischen Wiedervereinigung der Kirchen auf dem Gebiet des caritativen Zeugnisses für die Welt dar. Unbestritten wichtiger ist für die ökumenische Kooperation, dass der caritas-theologische Geist der genannten Väter in den Ausführungen der Enzyklika deutlich zu spüren ist. Damit dürfte ihre nominelle Nichterwähnung als Brücke zwischen den Kirchen hinsichtlich eines gemeinsamen caritativen Zeugnisses kein gravierendes Defizit darstellen.

g. Sehr klar greift der Papst eine große Sorge insbesondere der russisch-orthodoxen Kirche auf, den Vorwurf des *Proselytismus.* Vor allem die Russisch-orthodoxe Kirche hat den Eindruck, dass die Katholische Kirche mit Hilfe ihrer caritativen Diakonie Gläubige der Russisch-orthodoxen Kirche als Mitglieder für die Katholische Kirche zu gewinnen sucht. An die Adresse der eigenen caritativ tätigen Kirchenmitglieder gewandt weist der Papst caritas-theologisch eine solche Praxis zurück und hebt

---

[232] Vgl. Brand, H. J., Grundzüge der Caritasgeschichte, in: Nordhues, P. u. a. (Hg.), Handbuch der Caritasarbeit, Paderborn 1986, 142–158. 144; Jedin, H. (Hg.), Handbuch der Kirchengeschichte, Freiburg 2000, Bd. II,1, 428.

[233] Brand, a.a.O. 144.

hervor: „Außerdem darf praktizierte Nächstenliebe nicht Mittel für das sein, was man heute als Proselytismus bezeichnet. Die Liebe ist umsonst; sie wird nicht getan, um damit andere Ziele zu erreichen" (DCE 31c). Denn der schenkenden Liebe als absichtsloser Liebe widerspricht es, wenn caritatives Helfen mit Proselytismus verknüpft wird (DCE 31c), d.h. der Anwerbung von Kirchenmitgliedern durch caritatives Helfen. Über diesen Hinweis werden sich vor allem die russisch-orthodoxen Christen freuen. Seit Jahren beklagen sie, dass die katholische Kirche vermeintlich mit Hilfe der caritativen Diakonie der orthodoxen Kirche Mitglieder abwirbt. Vielleicht kann diese Klarstellung im Blick auf die katholische Caritas dazu beitragen, die Brücke zur russischen Orthodoxie leichter begehbar zu machen.

7.3 Die Enzyklika als Brücke zu den protestantischen Kirchen

Die eindeutig biblische und christozentrische Argumentation der Enzyklika baut unbestreitbar Brücken zu den protestantischen Kirchen. Selbst die ekklesiologischen Passagen der Enzyklika sind eindeutig christologisch gehalten, was für die Ekklesiologik Ratzingers nicht untypisch ist.[234] Das wird das ökumenische Gespräch mit den evangelischen Christen erleichtern, was dazu beiträgt, dass die Enzyklika im Allgemeinen auch in der evangelischen Christenheit positiv aufgenommen wird. Für die Evangelische Kirche in Deutschland sei ihr Ratsvorsitzender Bischof W. Huber als theologische Autorität genannt. In Anlehnung an das Kirchenverständnis der EKD in Deutschland hebt er im Blick auf die Enzyklika hervor: Die Evangelische Kirche ist dazu aufgerufen, „Christi Liebe in Wort und Tat zu verkündigen".[235] Für

---

[234] Vgl. Hartmann, St., Joseph Ratzingers Ekklesiologie, in: Die neue Ordnung 59 (2005) 209–211.
[235] Vgl. Huber, a.a.O. 2006.

die Evangelische Kirche sind „die diakonisch-missiona-rischen Werke Wesens- und Lebensäußerungen der Kir-che".[236] Diese ekklesiologische Definition der Diakonie stimmt mit der Enzyklika voll überein.

a. Dank der gemeinsamen Augsburger Erklärung zur *Rechtfertigung* von 1999 ist bezüglich der Enzyklika ebenfalls eine positive Resonanz in der weltweiten ka-tholisch-protestantischen Ökumene zu erwarten. Sicher wird bemerkt, dass die Enzyklika erfreulicherweise stark den Gnadenbezug des caritativen Helfens betont (DCE 35). So heißt es im Blick auf das gemeinsame diakonische Zeugnis in der Ökumene: „Dieser Auftrag ist Gnade." Bezüglich der Helfer wird hervorgehoben, „dass es nicht sein Verdienst und seine Größe ist, helfen zu können" (DCE 35). Er kann nur helfen, „weil der Herr es ihm gibt". Damit weist der Papst jede caritative Werk- und Leistungsgerechtigkeit zurück. Der Helfer ist „letzten Endes nur Werkzeug in der Hand des Herrn". Das wird ihn „von dem Hochmut befreien, selbst und aus Eige-nem die nötige Verbesserung der Welt zustande bringen zu müssen" (DCE 35). Ergänzend zeigt Benedikt XVI. die befreiende Kraft dieses Verständnisses auf: So kann ein Helfer angesichts des „Übermaßes der Not" und der Begrenztheit des „eigenen Tuns" wie der eigenen Kräfte dank der Gnadenprägung des Helfens der „Versuchung zur Mutlosigkeit" widerstehen (DCE 35).

b. Die Agape-Eros-Kritik in der ersten Hälfte des 20. Jahrhunderts durch einige protestantische Theologen[237] ist möglicherweise mit der Enzyklika überwunden. Sie steht einem gemeinsamen caritativen Zeugnis der Kir-chen in der Welt des Leidens heute nicht mehr grundsätz-lich entgegen. So geht der Ratsvorsitzende der Evangeli-schen Kirche Deutschland Bischof Huber beispielsweise auch sehr positiv in seiner Antwort auf die Eros-Option

---

[236] Huber, a.a.O. 99.
[237] Vgl. Pieper, a.a.O. 1992[7], 95-105.

der Enzyklika ein[238]: „Ja, die Liebe ist in ihrem Wesen ein vielfältiges, buntes Phänomen. Ja, der Eros ist ein Geschenk Gottes, das weder zur Ware des Sexus degradiert noch zur reinen Agape spiritualisiert werden darf. Ja, Liebe kann reifen und gereinigt werden; sie zielt nicht auf die Ekstase des Augenblicks, sondern auf die Ekstase als einen ständigen Weg zur Freigabe des Ich an den Anderen und gerade so zur Selbstfindung wie zur Findung Gottes."[239]

c. Im Blick auf das vom Papst thematisierte Staat-Kirche-Verhältnis weist Bischof Huber auf mögliche Missverständnisse hin, die sich aus der „Rede von der Autonomie des weltlichen Bereichs" (DCE 28a) ergeben können. Die „Rede von der Autonomie des weltlichen Bereichs" legt nahe zu glauben – Huber nimmt dabei Bezug auf die sog. „Zwei-Reiche-Lehre" Luthers –, „es gebe ‚Bereiche unseres Lebens, in denen wir nicht Jesus Christus, sondern anderen Herren zu eigen wären, Bereiche, in denen wir nicht der Rechtfertigung und Heiligung durch ihn bedürften".[240] „Gott ist und bleibt der Herr beider Regimente."[241] Huber hat aber den Eindruck, „auch die Enzyklika sieht dieses Problem."[242]

Eine gleiche kritische Sensibilität zeigt Bischof Huber gegenüber der von der Enzyklika optierten „Funktion der Katholischen Soziallehre". Im Sinne seiner Unterscheidung von Vernunft und Glauben, von Ratio und Fides spricht der Papst der Katholischen Soziallehre im Blick auf Staat und Politik eine ethisch reinigende Aufgabe zu. Hier warnt Huber zur Vorsicht. Wenn „jedoch Rationalität selbst einen pluralen Charakter hat, dann kann auch die in der katholischen Soziallehre enthaltene Rationalität nur eine unter vielen sein."[243] Dementsprechend hebt

---

[238] vgl. Huber, a.a.O. 2006.
[239] Huber, a.a.O. 98.
[240] Vgl. Huber, a.a.O. 104 f.
[241] ebd.
[242] Huber, a.a.O. 105.
[243] Huber, a.a.O. 108.

Kardinal Lehmann richtigstellend hervor: „Die Soziallehre ist also immer auch im Wandel und nie einfach ‚fertig‘, was gewiss nicht heißt, dass sie keine verlässlichen und kontinuierlichen, bleibenden und verbindlichen Grundsätze hätte."[244]

d. Im Blick auf die Kirchen der Reformation könnte somit eine stärkere Zusammenarbeit diakonie-theologisch problemlos möglich sein. Gemeinsam geleiteten und verwalteten Einrichtungen und Diensten stehen in Deutschland jedoch rechtliche Probleme entgegen. So gibt es keine gemeinsame Rechtspersönlichkeit, die als Träger ökumenischer Einrichtungen fungieren kann. Noch muss der Sachbesitz einer Einrichtung bzw. eines Dienstes und die Personalverwaltung jeweils einer der beiden Kirchen als Rechtsträger zugeordnet werden, sei es der Evangelischen oder der Katholischen Kirche. Daher sind die rechtlichen Probleme zu Gunsten des gemeinsamen Zeugnisses zu beheben. Nicht zuletzt motiviert die Enzyklika dazu, die Einheit zwischen den getrennten Christen nicht allein vorrangig über Glaubenstheorien zu suchen, sondern über die gemeinsame Kultivierung der Praxis der Liebe zu Gott und den Menschen. Schließlich ist der Glaube an den Gott, „der ein menschliches Antlitz und ein menschliches Herz annahm … keine Theorie, die man übernehmen oder auch beiseitelegen kann. Der Glaube ist etwas sehr Konkretes, ist der Maßstab, der unseren Lebensstil bestimmt."[245] „Gott und unsere Liebe sind … die Bedingungen der Einheit der Christen." Es geht darum, „von der Liebe geleitet, sich an die Wahrheit zu halten" (Eph 4,15).

---

[244] Vgl. Lehmann, K., Im Zentrum der christlichen Botschaft – Die erste Enzyklika „Deus caritas est" von Papst Benedikt XVI., in: Benedikt XVI., Gott ist die Liebe – Die Enzyklika „Deus Caritas est" – Vollständige Ausgabe – Ökumenisch kommentiert von Bischof W. Huber, Metropolit A. Labardakis, K. Kardinal Lehmann, Freiburg 2006, 121–38, 132.
[245] Vgl. Benedikt XVI., Ansprache bei der Audienz, a.a.O. 2006.

7.4 Die interreligiöse Bedeutung der Enzyklika

Zwar klingen interreligiöse Perspektiven in der Enzyklika an, auch wenn religionsgeschichtlich wie religionstheologisch keine übereinstimmenden sozialen Konsensaspekte ausdrücklich formuliert werden. Ebenfalls werden keine konkreten sozial-caritativen Kooperationsweisen mit den Weltreligionen thematisiert. Andererseits hat der Papst bei seinen Ausführungen das Leid der ganzen Welt im Blick, doch möchte er darauf nur eine christliche Antwort geben. Indes verbreiten eine weltumspannende Ökonomie wie auch Technologie Leid und Not in ihrer westlichen Ausprägung, so dass nicht nur optimale Hilfetechniken, Hilfsgüter und Hilfestrukturen aus Europa und Nordamerika von den Ländern der 3. Welt erwartet werden, sondern auch inspirierende Motivationen und Konzepte des Helfens. Zudem erfordern die z. T. gigantischen Naturkatastrophen eine neue Kultur der Solidarität und des Hilfeverhaltens der gesamten Weltgesellschaft. Alle Weltreligionen sind veranlasst, sich den konkret leidenden Menschen zuzuwenden. Die heutigen Kommunikationsmöglichkeiten machen entferntes Leid sofort weltbekannt (DCE 30a). Die Medien berichten vom Wettbewerb des Helfens und zeigen das unterschiedliche Hilfeengagement und Hilfeverhalten der Weltreligionen. Es ist wünschenswert, ein sozial-caritatives Weltethos zu entwickeln, zu dem die Kirche einen wichtigen Beitrag liefern kann. In diesem Sinne stellt die Enzyklika einen Baustein dar.

a. Wenn sich die *Gottesbilder* der asiatischen Weltreligionen: Hinduismus und Buddhismus und damit auch die Menschenbilder im Blick auf eine sozial-caritative Diakonietheorie unterscheiden,[246] so haben die Religionen doch spezifische Praktiken des Helfens und der Solidarität entwickelt, die zwar in ihrer Dynamik und Ausrichtung vom christlich-caritativen Sozialengagement verschieden

---

[246] Hoping , a.a.O.88–97.

sind. In keiner anderen Weltreligion findet sich die zentrale christliche Glaubensaussage: „Gott ist die Liebe" in dieser Radikalität und Eindeutigkeit. Dies ist ein grundlegender Unterscheidungsaspekt des Christentums zu anderen Religionen. Dazu gehört auch, dass der christliche Glaube primär keine Lehre darstellt, sondern die Beziehung zu Jesus Christus vorrangig kultiviert. Aus diesem Grund ist die theologische und anthropologische Argumentation der Enzyklika für Vertreter anderer Religionen nicht leicht nachvollziehbar.

b. Für die fernöstlichen Religionen und für den Islam ist es nicht vorstellbar, dass *Gott in das Leid der Welt inkarniert,* um die Menschen zu erlösen, damit die Menschen die verlorene Gottähnlichkeit in der Liebe wiedererlangen. Gott begibt sich in Jesus Christus (Phil 2,6–11) auf die gleiche Ebene mit den Menschen. Gottes Liebe und die Menschenliebe erfahren so eine praktische Gleichsetzung (Mt 22,37–39). In seiner Gerichtsrede fordert Jesus diese Gleichsetzung im Blick auf die leidenden Mitmenschen ein: „Was ihr für einen meiner geringsten Brüder getan habt, das habt ihr mir getan" (Mt 25,40). Damit besitzt das Christentum eine Gottes- und Menschenvorstellung, die anderen Weltreligionen fremd ist und sogar eher provokant erscheint. Für viele Religionen, z. B. für den Hinduismus und für den Buddhismus wie auch für den Islam, ist die Leidenswelt ein Kontrapunkt zum Göttlichen. Leid ist für sie keine Existenzweise Gottes.[247] Unter Verzicht auf kontroverstheologische Abgrenzungen zu anderen Religionen stellt der Papst dieses Geheimnis Gottes in seiner Enzyklika dar, das sich christologisch aus der Lebens- und Leidens-Inkarnation Gottes in Jesus Christus ergibt.

c. Ohne direkt auf die Weltreligionen Bezug zu nehmen, z. B. auf die kosmische Vereinigung bzw. Verschmelzung

---

[247] Vgl. Pompey, Diakonie im interreligiösen und interkulturellen Dialog, a.a.O. 2005.

des Menschen mit dem Göttlichen im Nirwana, macht der Papst das caritativ relevante christliche *Gott-Mensch-Verständnis* deutlich: „Ja, es gibt Vereinigung des Menschen mit Gott – der Urtraum des Menschen –, aber diese Vereinigung ist nicht Verschmelzen, Untergehen im namenlosen Ozean des Göttlichen, sondern ist Einheit, die Liebe schafft, in der beide – Gott und der Mensch – sie selbst bleiben und doch ganz eins werden: ,Wer dem Herrn anhangt, wird ein Geist mit ihm', sagt der heilige Paulus (1 Kor 6,17)" (DCE 10). Christlicher Glaube weiß um die Bedeutung der Personalität als grundlegende Voraussetzung für gelingende caritative Communialität/Gemeinschaft und damit für die endgültige „Wirk"-lichkeit der Liebe, die nie vergeht und wegen ihrer Personalität nie verlöscht wie im Hinduismus und Buddhismus. Das christliche Ziel des Menschseins ist die Wiedererlangung der Gott-Ebenbildlichkeit bzw. der Gott-Ähnlichkeit (Theosis) und damit caritativ erfüllte Gemeinschaft mit Gott, was die Person-Qualität beinhaltet. Caritative Zuwendung zu leben, ist Einübung in die caritative Gemeinschaft mit Gott.

d. Im Blick auf die gegenwärtigen religiös-extremistischen bzw. *fundamentalistischen Strömungen,* insbesondere im Islam wie z. T. auch im Hinduismus, macht der Papst darauf aufmerksam, dass illegitimerweise mit dem Namen Gottes „bisweilen die Rache oder gar die Pflicht zu Hass und Gewalt verbunden wird" (DCE 1). Dies kann „theo-logisch" nicht hingenommen werden. Aus christlicher Sicht ist es ein Missbrauch Gottes; dem Hass und der Gewalt im Namen Gottes stellt die Enzyklika die Liebe Gottes als konträr gegenüber.

e. Benedikt XVI. legt seine christlichen Optionen des caritativ-diakonischen Helfens – im Blick auf die pflegerischen und sozialen Dienste für Menschen in materieller wie mitmenschlicher Not sowie im Blick auf die medizinisch-pflegerische Sorge – dar, ähnlich wie es seine päpstlichen Vorgänger für die Durchsetzung gerechter

Lebensstrukturen mit ihren sozialen Lehrschreiben getan haben. Aufgrund seines theologischen Begründungszusammenhanges unterstreicht Benedikt XVI. das besondere christliche Profil um der Leidenden willen bei der Zusammenarbeit mit nicht-christlichen Gruppen und Organisationen nicht aufzugeben. Die „Bereitschaft, ... sich mit den anderen Organisationen im Dienst an den verschiedenen Formen der Bedürftigkeit abzustimmen, ... muss jedoch unter Berücksichtigung des spezifischen Profils des Dienstes geschehen, den Christus von seinen Jüngern erwartet. In seinem Hymnus auf die Liebe lehrt uns der heilige Paulus (1 Kor 13), dass Liebe immer mehr ist als bloße Aktion: ‚Wenn ich meine ganze Habe verschenkte und wenn ich meinen Leib dem Feuer übergäbe, hätte aber die Liebe nicht, nützte es mir nichts' (V. 3)" (DCE 34).

Die soziale Diakonie der Christen und der Kirche besitzt eine andere theologische Begründung und Dynamik, als sie bei den anderen Weltreligionen anzutreffen ist. Eine Annäherung der Weltreligionen in den theo-logischen Grundlagen des sozialen Helfens liegt noch in weiter Ferne.[248] Dies schließt jedoch praktische Kooperationen in sozialen und caritativen Aktionen nicht aus. Vielleicht kann sogar die konkrete, gleichberechtigte Zusammenarbeit – wie sie in einigen Teilen der Welt praktiziert wird – in Verbindung mit einem vertiefenden Austausch über Grund und Sinn der caritativen Zuwendung zu leidenden Menschen allmählich eine geistige Annäherung bewirken.[249]

---

[248] Vgl. Pompey, H., Diakonie im interreligiösen und interkulturellen Dialog, a.a.O. 2005.

[249] Vgl. Pompey, H., Solidarität und Helfen in interreligiöser Perspektive entdecken lernen, in: Adam, G., Hanisch, H., Schmidt, H., Zitt, R. (Hg.), Unterwegs zu einer Kultur des Helfens – Handbuch des diakonisch-sozialen Lernens, Stuttgart 2006, 115–129.

7.5 Mission und Marketing – Caritas zwischen Prose-lytismus und Verkündigung der Liebe Gottes

Gerade die Überlegungen zu den Weltreligionen machen deutlich, wie notwendig Austausch und Kooperationen untereinander sind. Ein interreligiöser Dialog geht nicht spurlos an den Kooperationspartnern vorüber, d. h. ein Dialog missioniert bereits, wenn die vorgetragenen Aspekte rational und human plausibel sind. Indoktrination und Manipulation wie Druck und Zwang müssen dabei ausgeschlossen sein. Interreligiöse wie interkulturelle Kommunikation und Interaktionen gelingen nur, wenn sie durch Echtheit und Offenheit, Freiheit und Wertschätzung wie auch Empathie geprägt sind.[250]

a. Die christlichen Kirchen fühlen sich – von ihrem Selbstverständnis her – dem Auftrag Christi verbunden, d. h. „Christi Liebe in Wort und Tat zu verkündigen."[251] Es gilt, den Kranken und Notleidenden die Liebe Gottes erfahrbar zu machen. Folglich wird die Verbindung von caritativem Engagement und Erfahrbarmachung des Glaubens i. S. von Evangelisation bzw. von Diakonie und Verkündigung i. S. von Martyria und Mission in der Enzyklika sehr sensibel reflektiert (DCE 31c). Es geht um „eine glückliche Verbindung – von Evangelisierung und Liebeswerk" (DCE 30).
Da wirksamer Glaube an die Liebe Gottes stets Freiheit voraussetzt – er lässt sich nicht erzwingen, sondern nur schenken –, ist jedes Überreden, jedes Helfen mit Hintergedanken und entsprechenden Nachdrücklichkeiten nutzlos und damit abzulehnen (DCE 31c). Andererseits soll die Liebe des Helfers den Leidenden anstecken, sich trotz Leid und Not wieder zu lieben und seine Mitmenschen auch. Es geht also um Inspiration i. S. eines Lebenszeugnisses, nicht um ein Wortzeugnis. Caritativ ge-

---

[250] Vgl. Pompey, H., Diakonie im interreligiösen und interkulturellen Dialog, a.a.O. 2005.
[251] Vgl. Huber, a.a.O. 99 bzw. Paul VI., Evangelii nuntiandi, a.a.O. 1975, n. 6.

prägte Christen machen in einer Hilfesituation erspürbar, dass Gott in seiner Liebe präsent ist, und bezeugen lebenspraktisch, d. h. nicht mit Worten, ihren Glauben an den liebenden Gott; somit ist ein spuren-loses Helfen nicht intendiert.

In seiner Ansprache zum Weltmissionssonntag 2006 sagte der Papst: „Jesus vertraute nach seiner Auferstehung den Aposteln den Auftrag an, die Verkündigung dieser Liebe zu verbreiten."[252] „Jede christliche Gemeinschaft ist also berufen, Gott, der die Liebe ist, zu verkünden."[253] Ja, „das Zeugnis der Liebe" ist „die Seele der Mission".[254] Die Entfaltung der Liebe unter allen Menschen ist für Benedikt XVI. Ziel der Mission. Durch sie verkündigt die Kirche und der Christ, dass Gott die Liebe ist. Ziel wie Art und Weise der christlichen Mission sind so durch die Liebe charakterisiert. Eine lieb-lose Mission darf es nicht geben.

b. Konsequent weist der Papst darauf hin, dass eine Verknüpfung von caritativem Helfen mit *Proselytismus* der schenkenden Liebe wie der absichtslosen Liebe widerspricht (DCE 31c), d.h. der direkten Anwerbung von Kirchenmitgliedern durch caritatives Helfen. Die gelebte Caritas darf keinen Proselytismus intendieren, wohl soll sie Zeugnis von der Liebe Gottes geben: „Das bedeutet aber nicht, dass das karitative Wirken sozusagen Gott und Christus beiseitelassen müsste. Es ist ja immer der ganze Mensch im Spiel. Oft ist gerade die Abwesenheit Gottes der tiefste Grund des Leidens. Wer im Namen der Kirche karitativ wirkt, wird niemals dem anderen den Glauben der Kirche aufzudrängen versuchen. Er weiß, dass die Liebe in ihrer Reinheit und Absichtslosigkeit das beste Zeugnis für den Gott ist, dem wir glauben und der uns zur Liebe treibt. Der Christ weiß,

---

[252] Vgl. Benedikt XVI., „Die Nächstenliebe, Seele der Mission" – Die Botschaft von Benedikt XVI. zum Weltmissionssonntag am 22. Oktober 2006, in: Die Tagespost Nr. 124, v. 17. 10. 2006, 5.
[253] Ebd.
[254] Ebd.

wann es Zeit ist, von Gott zu reden, und wann es recht ist, von ihm zu schweigen und nur einfach die Liebe reden zu lassen. Er weiß, dass Gott die Liebe ist (vgl. 1 Joh 4,8) und gerade dann gegenwärtig wird, wenn nichts als Liebe getan wird" (DCE 31c). Die Gegenwart Gottes in der Liebe zum Leidenden wird seine Wirkung zeigen. In einer Auslegung seiner Enzyklika sagt der Papst ergänzend zu diesem Punkt: Der „Tätigkeit kommt neben der sehr konkreten Bedeutung der Hilfe für den Nächsten im Wesentlichen auch die Bedeutung zu, dass wir den anderen die Liebe Gottes mitteilen, die wir selbst erhalten haben. Sie muss gewissermaßen den lebendigen Gott sichtbar machen. Gott und Christus dürfen in einer karitativen Organisation keine Fremdwörter sein, sie weisen in Wirklichkeit hin auf die ursprünglichen Quellen der kirchlichen Nächstenliebe. Die Kraft der Caritas hängt ab von der Glaubenskraft aller Mitglieder und Mitarbeiter."[255]

Bereits Paul VI. hebt im Blick auf die Evangelisation hervor, dass eine praktische Vorrangigkeit des gelebten Zeugnisses vor der rein inhaltlichen Verkündigung besteht.[256] Es ist oft wichtiger, den Glauben in der Begegnung mit einem Leidenden zu leben, i. S. der Tradition von „fides qua creditur", als vom Glauben zu reden, i. S. von „fides quae creditur". Schließlich ist der erfahrene und gelebte Glaube die praktische Voraussetzung für das geistige Interesse an diesem Glauben. In der helfenden Beziehung geht es darum, wie sich zeigt,[257] stellvertretend an Gottes Gegenwart im Leidenden zu glauben, auf eine Lebenszukunft für den Betroffenen zu hoffen und ihn zu lieben, da er sich und sein Leben nicht mehr lieben kann. Erst nach der Erfahrung dieses Glaubenszeugnisses wird ein Leid-

---

[255] Vgl. Benedikt XVI. Ansprache bei der Audienz, a.a.O. 2006.

[256] Paul VI., Evangelii nuntiandi, a.a.O. 1975, n 20, 21, 41, 76; Die Werke der Gerechtigkeit und die Werke der Liebe müssen von den einzelnen Helfern wie von der Gemeinschaft der helfenden Christen zuerst einmal selbst gelebt und dann vorgelebt werden, wollen sie ihre befreiende Kraft entfalten.

[257] S. o. Kp. 2.4, Kp. 3.1.e etc.

betroffener den Glaubenszeugen nach dem Grund seines Glaubens, Hoffens und Liebens fragen.[258]

c. An verschiedenen Stellen verdeutlicht die Enzyklika, wie sehr die caritative Diakonie aus der caritativen Koinonia der Gemeinde entspringt. Folglich setzt die nach außen gerichtete caritative Mission, i. S. von Sendung, eine *caritativ* missionierte bzw. *sensibilisierte Gemeinde* voraus. So ist nach Paul VI. der erste Adressat der Evangelisation nicht die Welt, sondern die Kirche selber.[259] Die Werke der Gerechtigkeit und Liebe sind zuerst in der Kirche zu leben. Unter dieser Voraussetzung besagt Evangelisation: „die Frohbotschaft in alle Bereiche der Menschheit zu tragen und sie durch deren Einfluss von innen her umzuwandeln und die Menschheit selbst zu erneuern."[260] Praxisbezogen hebt Paul VI. ferner hervor: „wobei man immer von der Person ausgeht und dann stets zu den Beziehungen der Personen untereinander und mit Gott fortschreitet"[261]. Neben der Umwandlung der Makrostrukturen muss also immer die Umwandlung der Mikrostruktur, d. h. des Menschen selbst, gegeben sein, durchaus verstanden als Metanoia, als Umkehr. In diesem Sinne sind die einladenden Ausführungen der Enzyklika Benedikt XVI. an die Adresse der Kirche insgesamt und speziell an die Gemeinden gerichtet, eine gewinnende, einladende „Gemeinschaft der Liebe" zu sein.

---

[258] Pompey, H., Krankheit und Leid als Botschaft erkennen, in: Krankendienst 67 (1994) 373–378; ders., Krankheit bewältigen und Krankheit begleiten, in: Krankendienst 68 (1995) 278–283.

[259] *„Die Kirche, Trägerin der Evangelisation, beginnt damit, sich selbst zu evangelisieren. Als Gemeinschaft von Gläubigen, als Gemeinschaft gelebter und gepredigter Hoffnung, als Gemeinschaft brüderlicher Liebe muss die Kirche unablässig selbst vernehmen, was sie glauben muss, welches die Gründe ihrer Hoffnung sind und was das neue Gebot der Liebe ist."*; Evangelii Nuntiandi, n. 15.

[260] Evangelii Nuntiandi, n. 18; „*,Seht, ich mache alles neu!'*" Die innere Umwandlung will, so fährt der Papst fort, „*zugleich das persönliche und kollektive Bewusstsein der Menschen, die Tätigkeit, in der sie sich engagieren, ihr konkretes Leben und jeweiliges Milieu erneuern.*"

[261] Evangelii Nuntiandi, n. 20.

d. Private, profitorientierte Organisationen wie nicht-profitorientierte Nicht-Regierungsorganisationen (NPO/NGO) im Bereich der sozialen Wohlfahrt wie der medizinisch-pflegerischen Versorgung stehen heute im Wettbewerb. Der Markt setzt klare Unternehmensprofile voraus, will ein Unternehmen, also auch ein Sozialunternehmen, auf dem Markt der Anbieter sich behaupten. So kommen auch die Dienste und Einrichtungen der Caritas an einem eindeutigen *Marketing* bzw. an einer spezifischen Qualitätsprofilierung bzw. an einem *Qualitätsmanagement* nicht vorbei. Konkurrenz und Wettbewerb sind für die Sicherung der Qualität sozialer und medizinisch-pflegerischer Dienstleistungen in einer Gesellschaft von großer Relevanz und fördern die sog. Kundenorientierung. Folglich wollen soziale Dienstleistungsanbieter, zu denen auch die Kirche gehört, Leidende und Suchende deutlich ansprechen und für einen Aufenthalt in ihren Einrichtungen bzw. zur Inanspruchnahme ihrer Dienste zu gewinnen suchen. Besitzt die Einrichtung eine klare Unternehmensphilosophie, dann möchte sie diese auch den Patienten und Klienten erfahrbar machen. Somit geht der Aufenthalt in einer qualifizierten Einrichtung ebenfalls nicht spurlos an Patienten und Klienten vorüber. Es gibt keine Kommunikation und Interaktion, die nicht einen Einfluss hinterlässt. Insofern ist in der Caritas jede Missions-Phobie irreal. Benedikt XVI. macht mit seiner Enzyklika die rechte Weise der caritativen Evangelisation deutlich.

8. Teil
Ausblicke auf das Handeln der Kirche

Die systematisch-theologische, lehramtliche Würdigung des Zueinanders der Caritas Gottes und der Liebe der Menschen ist – so könnte man sagen – in der Geschichte der caritativen Diakonie seit 2000 Jahren überfällig. Es ist wohl davon auszugehen, dass die Enzyklika zur *Caritas Dei* ein richtungweisendes Schlüsseldokument der lehramtlichen Verkündigung Benedikt XVI. sein wird, zumal bereits viele Ansprachen und Predigten seines Pontifikats den caritativen Geist der Enzyklika atmen und der Papst immer wieder die Bedeutsamkeit der Liebe Gottes und der Menschen thematisiert.[262] Der Kerngedanke der Enzyklika ist die Einheit von „Gemeinschaft der Liebe" und „Dienst der Liebe". Aus der „Gemeinschaft der Liebe" entfaltet sich der „Dienst der Liebe" und der „Dienst der Liebe" führt zur „Gemeinschaft der Liebe" zurück. Es ist Vision und Mission zugleich; denn wenn sich die Dynamik von caritativer Gemeinschaft und caritativem Dienst ereignet, erfüllt die Kirche ihre Sendung in der Geschichte. Wird die in der Enzyklika vom Papst zusammengefasste Spiritualität in Gemeinden, Gemeinschaften und Verbänden der Kirche konsequent umgesetzt, kann die Kirche zur caritativ-communialen Kernzelle in den menschlichen Gesellschaften der Welt werden.

8.1 Die gemeindliche Caritas

Die caritastheologische Botschaft der Kirche wird jedoch erst dann zur Quelle für das Leben der Menschen, wenn die Kirche lebensraumnah und zugleich bei sich

---

[262] Es ist interessant, die in: Die Tagespost (Würzburg) veröffentlichten Ansprachen des Papstes diesbezüglich fortlaufend zu verfolgen.

selbst mit der caritativen Evangelisation beginnt.[263] Die Kirche ist als „Gemeinschaft der Liebe" selbst auf dem Weg, auch wenn sie das Ziel klar und ohne Abstriche vor Augen hat. Somit stellt die Enzyklika zunächst eine positive „*Pro-vokation*" für die Kirche dar. Die Option Benedikt XVI. für eine Kirche als „Gemeinschaft der Liebe" (DCE Überschrift 2. Teil) steht der Forderung von Paul VI. nahe, dass die *Zivilisation der Liebe* in der Kirche, in ihren *Gemeinden und Gemeinschaften* beginnen muss.[264] Damit jedoch die Kirche leben kann, was sie verkündet und was sie der Welt wünscht,[265] beginnt der Weg der Veränderung, d. h. die Metanoia, das neue Denken und das neue Handeln, beim einzelnen Christen. Dies setzt wiederum voraus, dass der einzelne Christ den Blick zunächst auf sich selber richtet, also nicht fragt, was machen die anderen, z. B. wie leben der Pfarrer, der Gemeindereferent, die Pastoralreferentin, die Mitglieder des Pfarrgemeinderates etc., sondern sich fragt, wie verhalte ich mich caritativ, was trage ich zur caritativen Communialität/Koinonia bei.[266] Wir sehen schnell den Splitter im Auge des Mitmenschen, aber nicht den Balken im eigenen Auge (Mt 7,3).

Sollte es der Kirche gelingen, sich im Geiste der Botschaft Benedikts XVI. zu erneuern, dann hat sie zum Wohl der leidenden Menschen *die Zukunft gewonnen;* denn ein ca-

---

[263] „*Die Kirche, Trägerin der Evangelisation, beginnt damit, sich selbst zu evangelisieren. Als Gemeinschaft von Gläubigen, als Gemeinschaft gelebter und gepredigter Hoffnung, als Gemeinschaft brüderlicher Liebe muss die Kirche unablässig selbst vernehmen, was sie glauben muss, welches die Gründe ihrer Hoffnung sind und was das neue Gebot der Liebe ist.*"; Evangelii nuntiandi, n. 15.

[264] Evangelii nuntiandi, n. 15 u. n. 18.

[265] Paul VI., Evangelii nuntiandi, a.a.O. 1975, n.6; Johannes Paul II., Dives in misericordia, a.a.O. 1980, n. 3.

[266] Johannes Paul II., Dives in misericordia, a.a.O.1980, n 12/VII; „*Die Kirche muss ... Zeugnis ablegen, indem sie es zunächst als heilbringende Glaubenswahrheit bekennt ... und dann sucht, dieses Erbarmen sowohl in das Leben ihrer Gläubigen als auch nach Möglichkeit in das aller Menschen guten Willens einzuführen und dort Fleisch werden zu lassen.*"

ritativ geprägtes, gegenseitiges, persönliches Hilfeverhalten verbunden mit einer innergemeindlichen caritativen Solidarität ist für die gegenwärtige heidnisch-agnostische Umwelt ebenso eindrucksvoll, wie es nach dem Zeugnis Tertullians (150–230) im zweiten christlichen Jahrhundert in Nordafrika der Fall war, als die Heiden sagten: „Seht, wie sie einander lieben."[267] Nur als Gemeinschaft der gegenseitigen Liebe bezeugen die Kirche und ihre Gemeinden die Kraft ihres Glaubens. Dies beinhaltet eine enorme Herausforderung für die Verantwortlichen in Pastoral und Diakonie, seien sie Laien oder amtliche Mitarbeiter.[268]

8.2 Die fachverbandliche Caritas

„Ecclesia semper reformanda" – gilt das auch für ihre verbandlich organisierte Caritas? Unbestritten will die Enzyklika auch für die Orts- und Profilbestimmung und Profilqualifizierung der *verbandlich organisierten Fachcaritas* eine Herausforderung darstellen. Um eine attraktive Alternative auf dem pflegerischen und sozialen Dienstleistungssektor in Deutschland zu sein, hilft die Enzyklika, das eigene christlich-humane Profil und damit die Unterscheidbarkeit zu anderen Leistungsanbietern zu verdeutlichen. Dabei stellt sich jedoch die Frage, ob die profil-gebende Inspiration der Enzyklika in einer so groß dimensionierten Fachcaritas, wie sie sich in Deutschland entwickelt hat, möglich oder ob eine solche Inspiration nur bei einer pfarrgemeindlichen Caritas mit freiwilligen und ehrenamtlichen Mitarbeitern umsetzbar ist, so wie in den meisten Ländern der Weltkirche? Bei internationalen Begegnungen wird oft gefragt, inwieweit im Blick auf

---

[267] Vgl. Tertullian, Apologeticum – Verteidigung des Christentums, C. Becker (Hg.), München 1952, 182f.
[268] Vgl. Kießling, K., Heilen in heutiger und künftiger Gemeindestruktur oder Ein Plädoyer für das diakonische Profil christlicher Gemeinden, in: Lade, E. (Hg.), Christliches ABC heute und morgen, 4/1996, 53–67.

den christlich-humanen Profilanspruch kirchlicher Caritas – wie ihn z. B. die Enzyklika beschreibt – der deutsche Weg der Caritas nicht überdimensional groß ist? Kann die Kirche fast 500 000 hauptamtliche Mitarbeiter[269] für eine spezifisch caritative und im Glauben begründete Ausrichtung ihrer Arbeit sensibilisieren? Kann es vielleicht nur freiwilligen Mitarbeitern zugemutet werden? Eine caritativ-geistliche Qualität der sozialen Diakonie der Kirche lässt sich nicht verordnen und ist auch opportunistisch von Seiten der Mitarbeiter nicht lebbar. Das zu Recht geförderte Qualitätsmanagement setzt caritativen Geist voraus, bietet die Möglichkeit bzw. schafft Zeitressourcen zur caritativen Qualifizierung des Heilens und Helfens, kann aber die spirituelle Sensibilisierung der Mitarbeiter nicht ersetzen. Positiv und exemplarisch sei diesbezüglich auf die eindrucksvolle caritativ-humane Qualitätssicherung der Kindertagesstätten in den meisten Diözesen Deutschlands hingewiesen.[270] Können nicht auch andere Dienstleistungsbereiche der Fachcaritas in ähnlicher Weise ein ebenso klares christlich-humanes Zeugnis in der Gesellschaft geben?

Die Enzyklika hat nicht die Absicht, das Thema Caritas bzw. den Dienst der Caritas erschöpfend für die caritative Diakonie zu behandeln. Sie lädt vielmehr ein, selbst die biblischen Wurzeln der Caritas zu ergründen sowie das Leben der Heiligen als leuchtende Vorbilder zu betrachten. Benedikt XVI. markiert mit seiner ersten Enzyklika ein theologisches Programm, das das Antlitz der Kirche erneuern und die Kirche liebenswert prägen kann. Es handelt sich um eine Enzyklika der visionären Innovation, der jede Restauration fremd ist. Bedeutsame caritastheologische Reflexionsweichen werden gestellt. Den so neu geöffneten theologischen Leitspuren nachzu-

---

[269] Die meisten von der Katholikenzahl her gleich großen nationalen Kirchen verfügen zumeist nur über einen Bruchteil der in Deutschland tätigen Anzahl der Mitarbeiter.

[270] Verwiesen sei auf die diesbezüglichen Kita-Qualifizierungsleistungen des „CoLibri Management Service Denzlingen" in über 50 % der Diözesen Deutschlands.

gehen, sollte aber nicht nur Aufgabe der Caritastheologie sein, sondern vor allem zum Wohl der leidenden Menschen die Caritaspraxis konkret prägen.[271]

---

[271] Vgl. Pompey, H., Biblical and theological foundations, a.a.O. 1999, 106–132.; ders., Caritatives Engagement, a.a.O. 1994.

Literaturverzeichnis

Abel, P., Organisationsentwicklung im Gemeinwesen – eine diakonische Aufgabe, in: Horn, J.-Ch., Pompey, H. (Hg.), „Die Liebe Christi drängt uns" (2 Kor 5,14) – Caritaswissenschaftliche Forschung für caritativ-diakonisches Engagement, Bd. 3: Caritaswissenschaft in der Welt und für die Welt: Caritaswissenschaft International & Caritaswissenschaft Interdisziplinär, Books on Demand Norderstedt 2006, 191–216

Adam, A., Der Primat der Liebe – Studie über die Einordnung der Sexualmoral in das Sittengesetz, Kevelaer 1954[6]

Adveniat (Hg.), Dokumente von Medellin, Essen 1968 – Sämtliche Beschlüsse der II. Generalversammlung des lateinamerikanischen Episkopates Medellin 1968

Alvarez Lopez, H. M., Caritas Nacional de Guatemala – Pastorale Sozial-Caritas: eine kleine Bewertung und ein Beispiel aus Lateinamerika, in: Horn, J.-Ch., Pompey, H. (Hg.), „Die Liebe Christi drängt uns" (2 Kor 5,14) – Caritaswissenschaftliche Forschung für caritativ-diakonisches Engagement, Bd. 3: Caritaswissenschaft in der Welt und für die Welt: Caritaswissenschaft International & Caritaswissenschaft Interdisziplinär, Books on Demand Norderstedt 2006, 11–33

Arbeitsvertragsrecht in der Kirche – Regional-Koda in Nordrhein-Westfalen. Vom 01. 05. 1980. Arbeitshilfe 16 A. (Hg.) Sekretariat der Deutschen Bischofskonferenz, Bonn 1980

Athanasius, De incarnatione, 54

Badische Zeitung v. 27.08.1996, 7

Banakh, M., Das Ehrenamt in der Ukraine und seine Rolle bei der Entwicklung einer demokratischen Zivilgesellschaft, in: Horn, J.-Ch., Pompey, H. (Hg.), „Die Liebe Christi drängt uns" (2 Kor 5,14) – Caritaswissenschaftliche Forschung für caritativ-diakonisches Engagement, Bd. 3: Caritaswissenschaft in der Welt und für die Welt: Caritaswissenschaft International & Caritaswissenschaft Interdisziplinär, Books on Demand Norderstedt 2006, 34–60

Baumann, K., Die Liebe ist niemals fertig und vollendet, in: Konradsblatt (2006) 7, 23

Baumann, K., Die Enzyklika „Deus caritas est" und ihre Bedeutung für die Kirche und ihre Caritas, in: News – Caritas-Mitteilungen für die Erzdiözese Freiburg (2006) 9–11

Baumann, K., Die Bedeutung der Enzyklika *Deus Caritas est* für die Kirche und ihre Caritas, in: Patzek, M. (Hg.), Gott ist Caritas – Impulse zur Enzyklika über die christliche Liebe, Kevelaer 2006, 9–29

Beeking, J., Die Nächstenliebe nach der Lehre der heiligen Schrift, Düsseldorf 1930

Benedikt XVI., Ansprache bei der Audienz der Teilnehmer an der vom Päpstlichen Rat COR UNUM veranstalteten Tagung am 23. 01. 2006 in der Sala Clementina

Benedikt XVI., in: Pontificium Consilium „COR UNUM", Deus Caritas est – Dokumentation des internationalen Kongresses über die christliche Liebe, Vatikan 2006, 7–11,8

Benedikt XVI., Das Soziale und das Evangelium gehören zusammen, in: Die Tagespost v. 12. 09. 2006, 7

Benedikt XVI., „Benedikt kommentiert Benedikt" in: „Famiglia Cristiana" www.kath.net v. 02. 02. 2006

Benedikt XVI., „Die Nächstenliebe, Seele der Mission." – Die Botschaft von Benedikt XVI. zum Weltmissionssonntag am 22. Oktober 2006, in: Die Tagespost Nr. 124, v. 17. 10. 2006, 5.

Bierhoff, H.W., M.J. Herner (2002), Begriffswörterbuch Sozialpsychologie, Stuttgart 1999

Brand, H. J., Grundzüge der Caritasgeschichte, in: P. Nordhues u. a. (Hg.), Handbuch der Caritasarbeit, Paderborn 1986, 142–158, 144

Codex Juris Canonici, Rom 1983, dt. Kevelaer 1983

Cordes, P. J. „Tuet Gutes allen" : 21 Thesen zur Caritas-Arbeit, Paderborn 1999

Cordes, P. J., Heiligung und Sendung: zur charismatischen Erneuerung in der katholischen Kirche, Paderborn 1999

Cordes, P. J., Einführung, in: Päpstlicher Rat „COR UNUM" (Hg.), Deus caritas est – Dokumentation des internationalen Kongresses über die christliche Liebe, Rom 2006, 17

Cordes, P.J., „Gott ist die Liebe" – Zur ersten Enzyklika Papst Benedikts XVI., Ansprache während der Internationalen Konferenz zur Caritas anlässlich der Veröffentlichung der Enzyklika vom 23.–24. 01. 2006 im Vatikan

COR UNUM, Letter to the Presidents of the Episcopal Commissions for social Action, v. 30. 11. 1995, N. 41,959/95

COR UNUM, Acts of the World Congress on Charity, Rom 1999

COR UNUM, Botschaft Johannes Paul II. zum Tag der Nächstenliebe, Rom 16. 05. 1999

Deutsche Bischofskonferenz (Hg.), Kompendium des Katechismus der Katholischen Kirche, München 2005

Die deutschen Bischöfe – Kommission für caritative Fragen,
Caritas als Lebensvollzug der Kirche und als verbandliches
Engagement in Kirche und Gesellschaft v. 23. 09. 1999

Dybowski, St., Barmherzigkeit im Neuen Testament – Ein
Grundmotiv caritativen Handelns, in: Horn, J.-Ch., Pompey, H. (Hg.), „Die Liebe Christi drängt uns" (2 Kor 5,14)
– Caritaswissenschaftliche Forschung für caritativ-diakonisches Engagement, Bd. 1: Impulse der Caritastheologie für
die caritative Diakonie. Grundlegungen, Orientierungen
und Aufmerkpunkte, Books on Demand Norderstedt 2006,
60–79

*Enchiridion Symbolorum Definitionum et Declarationum de re-
bus fidei et morum*, Denzinger, H. (Hg.), Freiburg 1976[36]

Federov, V., Aspekte der neuesten Entwicklung der russisch-
orthodoxen Kirche, in: Pompey, H. (Hg.), Caritas – Das
menschliche Gesicht des Glaubens: ökumenische und internationale Anstöße einer Diakonietheologie, Reihe „Studien
zur Theologie und Praxis der Caritas und Sozialen Pastoral", Bd. 10, Würzburg 1997, 184–190

Flosdorf, B., Berufliche Belastung, Religiosität und Bewältigungsformen, Reihe „Studien zur Theologie und Praxis der
Caritas und der Sozialen Pastoral", Bd. 12, Würzburg 1998

Forgas, J. P., Soziale Interaktion und Kommunikation. Eine
Einführung in die Sozialpsychologie, Weinheim 2001[5]

Forsa-Umfrage: *Würden Sie aus der Kirche austreten, wenn nichts
mehr von der Kirchensteuer für karitative Zwecke verwandt
würde?* (vgl. Kirche und Leben v. 22. 01. 2006, 12)

Gemeinsame Synode der Bistümer in der Bundesrepublik
Deutschland, Die pastoralen Dienste in der Gemeinde, Nr.
2.2.1, Freiburg 1976

Glatzel N., Pompey H. (Hg.), Barmherzigkeit oder Gerechtigkeit? Zum Spannungsfeld von christlicher Sozialarbeit und
christlicher Soziallehre, Freiburg 1991

Gregor d. Gr., Regula pastoralis III 21

Gutierrez, G., Müller G. L., An der Seite der Armen, Augsburg
2001

Haderlein, R., Wertorientiertes Qualitätsmanagement in caritativ-diakonischen Einrichtungen der katholischen Kirche
– Eine empirische Studie zur Kriterienforschung bei wertorientierten Qualitätsmanagementkonzepten. Reihe „Stu-

dien zur Theologie und Praxis der Caritas und Sozialen Pastoral", Bd. 22, Würzburg 2003

Haderlein, R., Das Spezifikum katholischer Kindertageseinrichtungen, in: Horn, J.-Ch., Pompey, H. (Hg.), „Die Liebe Christi drängt uns" (2 Kor 5,14) – Caritaswissenschaftliche Forschung für caritativ-diakonisches Engagement, Bd. 2: Caritaspastoral und Pastoral der Caritas. Studien zur Caritas der Gemeinde und zur caritativen Haltung in der professionellen Wohlfahrtspflege. Books on Demand Norderstedt 2006, 233–251

Hartmann, St., Joseph Ratzingers Ekklesiologie, in: Die neue Ordnung 59 (2005) 209–211

Heidenreich, R., Caritatives Selbstverständnis amerikanischer Pfarrgemeinden – Gemeindeprojekte und Kooperationen mit Staat und Kommunen, in: Pompey, H. (Hg.), Caritas – Das menschliche Gesicht des Glaubens: ökumenische und internationale Anstöße einer Diakonietheologie, Reihe „Studien zur Theologie und Praxis der Caritas und Sozialen Pastoral", Bd. 10, Würzburg 1997, 248–277

Hemmerle, K. (Hg.), Liebe verwandelt die Welt, Mainz 1979

Hener, W., Gepflegt und misshandelt, in: caritas 95 (1994) 564–565

Herr, T., Was wurde eigentlich aus der Befreiungstheologie – Die Selbstkorrektur von Gustavo Gutierrez, in: Die Tagespost v. 16. 06. 2005, 6

Hoping, H., Tück, J.-H., Die anstößige Wahrheit des Glaubens – das theologische Profil Joseph Ratzingers, Freiburg 2005

Horn, J.-Ch., „Der Geist ist's der lebendig macht." (2 Kor 3,6) – Die Wirklichkeit des Gott-Geistes in der caritativen Diakonie, in: Horn, J.-Ch., Pompey, H. (Hg.), „Die Liebe Christi drängt uns" (2 Kor 5,14) – Caritaswissenschaftliche Forschung für caritativ-diakonisches Engagement, Bd. 1: Impulse der Caritastheologie für die caritative Diakonie. Grundlegungen, Orientierungen und Aufmerkpunkte, Books on Demand Norderstedt 2006, 80–121

Huber, W., Reinigung der Liebe – Reinigung der Vernunft – Zur Päpstlichen Enzyklika „Deus caritas est", in: Benedikt XVI., Gott ist die Liebe – Die Enzyklika „Deus Caritas est" – Ökumenisch kommentiert, Freiburg 2006, 97–111

Ignatius von Antiochien, Ad Romanos, vgl. Winterswyl, L. A., Zeugen des Wortes – Die Briefe des Heiligen Ignatius von Antiochien, Freiburg 1938

Jäggi, M., Das erneuerte Diakonat – Wozu solch ein Amt? In: Horn, J.-Ch., Pompey, H. (Hg.), „Die Liebe Christi drängt uns" (2 Kor 5,14) – Caritaswissenschaftliche Forschung für caritativ-diakonisches Engagement, Bd. 2: Caritaspastoral und Pastoral der Caritas. Studien zur Caritas der Gemeinde und zur caritativen Haltung in der professionellen Wohlfahrtspflege. Books on Demand Norderstedt 2006, 55–85

Järveläinen, M., Gemeinschaft in der Liebe: Diakonie als Lebens- und Wesensäußerung der Kirche im Verständnis Paul Philippis (Diakoniewissenschaftliche Studien. Bd. 1), Heidelberg 1993

Jedin, H. (Hg.), Handbuch der Kirchengeschichte, Bd. II,1, Freiburg 2000

Johannes Christostomos, Scieri, III., in: Parinti si Scriitorie Bisericesti, Nr. 23. Institutului Biblic si de Misiune al Bisericii Ortodoxe Romane, Bucuresti 1994

Johannes Klimax (+ 649), Κλῖμαξ τοῦ παραδείσου [Die Himmelsleiter]

Johannes Paul II., Dives in misericordia, Rom 1980

Johannes Paul II., Christi fideles laici – Über die Berufung und Sendung der Laien in Kirche und Welt, Rom 1988

Johannes Paul II., Tertio millennio adveniente, Rom 1994

Just, B., „Er ist ein Intellektueller mit Herz". Der Religionspädagoge Alfred Läpple erinnert sich an den Seminaristen Joseph Ratzinger, in: Die Tagespost v. 22. 06. 06, 5

Katechismus der Katholischen Kirche, München, Wien 1993

Kaufmann, R., Das christliche Proprium einer verbandlich organisierten Diakonie – Eine qualitative Unersuchung am Beispiel einer Fachberatungsstelle der Caritas für Menschen in Trennung und Scheidung, in: Horn, J.-Ch., Pompey, H. (Hg.), „Die Liebe Christi drängt uns" (2 Kor 5,14) – Caritaswissenschaftliche Forschung für caritativ-diakonisches Engagement, Bd. 2: Caritaspastoral und Pastoral der Caritas. Studien zur Caritas der Gemeinde und zur caritativen Haltung in der professionellen Wohlfahrtspflege. Books on Demand Norderstedt 2006, 127–161

Kießling, K., Heilen in heutiger und künftiger Gemeindestruktur oder Ein Plädoyer für das diakonische Profil christlicher Gemeinden, in: Lade, E. (Hg.), Christliches ABC heute und morgen, 4/1996, 53–67

Kießling, K., „Love greets you"– on the culture of deacony (Publications of the Department of Practical Theology 93), Helsinki 1998

Kießling, K., Theologie der Caritas – Unterwegs zu einer Diakonischen Kultur, in: Götzelmann, A. (Hg.), Einführung in die Theologie der Diakonie, Heidelberg 1999, 184–206

Kießling, K., Das soziale Ehrenamt – caritaswissenschaftliche Skizzen zu Herkunft und Zukunft freiwilligen Engagements; in: Strohm, Th. (Hg.), Diakonie an der Schwelle zum neuen Jahrtausend: ökumenische Beiträge zur weltweiten und interdisziplinären Verständigung, Heidelberg 2000, 494–516

Kissler, A., Der deutsche Papst. Benedikt XVI. und seine schwierige Heimat, Freiburg 2005, 175–186

Kissler, A., Die Schönheit der Liturgie gibt dem Glauben Kraft, in: Die Tagespost v. 12. 09. 2006, 9

Klein, F., Das christliche Profil der Verbandscaritas aus rechtlicher Sicht, in: Pompey, H. (Hg.), Caritas im Spannungsfeld von Wirtschaftlichkeit und Menschlichkeit, Reihe „Studien zur Theologie und Praxis der Caritas und Sozialen Pastoral", Bd. 9, Würzburg 1997, 165–175

KNA, Caritas: Profilierung durch Anwaltschaft, in: KNA–ID Nr. 10/8 03 2006

KNA, Theologen zur Enzyklika: „Gewisse Schieflage", in: KNA-ID Nr. 10/8.03 2006, I/217

Köcher, R., Die neue Anziehungskraft der Religion – Wachsendes Interesse an Glaube und Kirche, in: FAZ v. 12. 04. 2006, 5

Konradsblatt Nr. 21, 2006, 4

Labardakis, A., Heimkehr am Abend eines langen Tages – Brief eines Mitbruders im Bischofsamt, in: Benedikt XVI., Gott ist die Liebe – Die Enzyklika „Deus Caritas est" – Vollständige Ausgabe – Ökumenisch kommentiert von Bischof W. Huber, Metropolit A. Labardakis, K. Kardinal Lehmann, Freiburg 2006, 113–119

J. Laplanche, J.-B. Pontalis, Das Vokabular der Psychoanalyse, Frankfurt am Main 1998[14]

Lazewski, W.; Pompey, H.; Skorowski, H. (Hg.), Caritas Christi urget nos. Caritas w Europie trzecim tysiacleciu, Caritas in Europe in the third millennium, Caritas in Europa im 3. Jahrtausend, Internationaler Caritaswissenschaftlicher Kongress 22.–26.09.1999, Warszawa 2000

Lehmann, K. Kardinal, Im Zentrum der christlichen Botschaft – Die erste Enzyklika „Deus caritas est" von Papst Benedikt XVI., in: Benedikt XVI., Gott ist die Liebe – Die Enzyklika

„Deus Caritas est" – Vollständige Ausgabe – Ökumenisch kommentiert von Bischof W. Huber, Metropolit A. Labardakis, K. Kardinal Lehmann, Freiburg 2006, 121–138

Lehner, U. L., Der Papst und seine bayerische Inspiration – Warum das Werk des Theologen August Adam durch die erste Enzyklika Benedikts XVI. zur Pflichtlektüre wird, in: Die Tagespost v. 02. 03. 2006, 6

Liese, W., Geschichte der Caritas, Bd. 1, Freiburg 1922

Mate, B., Caritas und Communio, in: Horn, J.-Ch., Pompey, H. (Hg.), „Die Liebe Christi drängt uns" (2 Kor 5,14) – Caritaswissenschaftliche Forschung für caritativ-diakonisches Engagement, Bd. 1: Impulse der Caritastheologie für die caritative Diakonie. Grundlegungen, Orientierungen und Aufmerkpunkte, Books on Demand Norderstedt 2006, 8–33

Maurer, M., Der Sonntag in der frühen Neuzeit, in: Archiv für Kulturgeschichte, Bd. 88, H. 1 Köln 2006

Meisner, J. Kardinal, Caritas ist Zeugnis des Heils – Die caritative Sorge um das zeitliche Wohl der Menschen muss immer zugleich auf deren ewiges Heil hinweisen, in: Caritas in NRW, Nr. 3, 2006, 4–5

Meisner, J. Kardinal, Wider die Entsinnlichung des Glaubens. Graz 1991[2]

Melina, L., Anderson, C. (Ed.), The Way of Love: Reflections on Pope Benedict XVI's Encyclical Deus Caritas Est, Ft. Collins, CO, 2006

Metz, J. B., Christliche Anthropozentrik, München 1962

Mitscherlich, M., Caritas als Wesensdimension und Grundfunktion der Kirche, Erfurter Theologische Schriften, Nr. 24, Leipzig 1997

Nolte, M., Ein Christ ist einfach anders dran. Wohin steuert die Caritas?, in: Rheinischer Merkur v. 27. 01. 1995, 23

Nothelle-Wildfeuer, U., Grundvollzüge christlichen Glaubens: Gerechtigkeit und Liebe, in: News – Caritas-Mitteilungen für die Erzdiözese Freiburg (2006) Nr. 3, 6–8

Nothelle-Wildfeuer, U., Diakonie in Gerechtigkeit und Liebe als unverzichtbare Grundfunktion der Kirche – Sozialethische Aspekte von Deus caritas est, in: Patzek, M. (Hg.), Gott ist Caritas – Impulse zur Enzyklika über die christliche Liebe, Kevelaer 2006, 30–48

Nygren, A., Eros und Agape, 2 Bände, Göttingen 1930, 1937

Päpstlicher Rat für Gerechtigkeit und Frieden (Hg.), Kompendium der Soziallehre der Kirche, Freiburg 2006

Paul VI., Evangelii nuntiandi, Rom 1975

Paul VI., Apostolisches Schreiben: *Amoris officio* v. 15. 07.1971

Patrologia Graeca (PG), V. J. P. Migne (Hg.), 167 Bde. Paris 1857–66

Pinckars, S., Christus und das Glück – Grundriss der christlichen Ethik, Göttingen 2004

Pieper, J., Über die Liebe, München 1992[7]

Pompey, H., „Dienstgemeinschaft" unter dem Anspruch des Glaubens und des Sendungsauftrags der Kirche, in: Feldhoff, N., Dünner, A. (Hg.), Die verbandliche Caritas, Freiburg 1991, 81–119

Pompey, H., Die Soziale Pastoral der Dritten Welt als Herausforderung für das diakonisch-caritative Engagement einer Gemeinde, in: Biemer, G. u.a. (Hg.), Gemeinsam Kirche sein, Festschrift der Theologischen Fakultät der Universität Freiburg i.Br. für Erzbischof Dr. Oskar Saier, Freiburg 1992, 410–443

Pompey, H., Krankheit und Leid als Botschaft erkennen, in: Krankendienst 67 (1994) 373–378

Pompey, H., Caritatives Engagement – Lernort des Glaubens und der Gemeinschaft, Effizienzuntersuchung eines Grund- und eines Aufbaukurses zum Kennenlernen theologischer Aspekte des Leitbildes sozial-diakonischer Hilfe und zur Sensibilisierung der Mitwirkenden für den communialen, dienstgemeinschaftlichen Charakter kirchlicher Sozialdienste, Würzburg 1994

Pompey, H., Krankheit bewältigen und Krankheit begleiten, in: Krankendienst 68 (1995) 278–283

Pompey, H., Christlicher Glaube und helfende Solidarität in der Diakoniegeschichte der Kirche, in: Kerber, W. (Hg.), Religion und prosoziales Verhalten, München 1995, 75–134

Pompey, H., Beziehungstheologie – Das Zueinander theologischer und psychologischer „Wirk"lichkeiten und die biblisch-theologische Kontextualisierung von Lebens- und Leidenserfahrung, in: Pompey, H. (Hg.), Caritas – Das menschliche Gesicht des Glaubens: Ökumenische und internationale Anstöße einer Diakonietheologie, Würzburg 1997, 92–128

Pompey, H., Caritas als lebensteilige, freie Vergeblichkeit – Caritas-philosophische Grundlagen des Helfens, in: Pompey, H. (Hg.), Caritas – Das menschliche Gesicht des Glaubens: Ökumenische und internationale Anstöße einer Diakonietheologie, Würzburg 1997, 72–91

Pompey, H., Theologisches Verständnis von Leben und Leiden, von Solidarität und Helfen – Ein caritativ-diakonisches Credo, in: Pompey, H. (Hg.), Caritas – Das menschliche Gesicht des Glaubens: ökumenische und internationale Anstöße einer Diakonietheologie, Reihe „Studien zur Theologie und Praxis der Caritas und Sozialen Pastoral", Bd. 10, Würzburg 1997, 321–357

Pompey, H. (Hg.), Caritas – Das menschliche Gesicht des Glaubens: ökumenische und internationale Anstöße einer Diakonietheologie, Reihe „Studien zur Theologie und Praxis der Caritas und Sozialen Pastoral", Bd. 10, Würzburg 1997

Pompey, H., Religiosität – Ein Element der Lebens- und Leidbewältigung bei TumorpatientenInnen. Empirische Befunde und ihre Bedeutung für die psychosoziale Patientenbegleitung, in: Camillianum 9 (1998) 227–252

Pompey, H., Helping and solidarity in other world religions, in: Spiritus – Lux – Caritas, Hg. Deaconical Institution of Lahti, Lahti 1999, 113–129

Pompey, H., Biblical and theological foundations of charitable works, in: Acts of the World Congress on Charity, Rom 1999, 106–132

Pompey, H., Die sozial-caritative Chance von großgemeindlichen Seelsorgeeinheiten, in: Windisch, H. (Hg.), Seelsorgeeinheiten und kooperative Pastoral, Freiburger Texte Nr. 38 (1999) 77–96

Pompey, H., Der Bischof als „Pater pauperum" in der Diakoniegeschichte der Kirche. Ordo und Charisma in Verantwortung für die caritative Diakonie, in: Hillenbrand, K., Niederschlag, H. (Hg.), Glaube und Gemeinschaft, Festschrift für Paul-Werner Scheele, Würzburg 2000, 339–361

Pompey, H., Solidarität und Hilfeverhalten in den Lebensräumen der Menschen, in: Lazewski, W. ; Pompey, H.; Skorowski, H. (Hg.), Caritas Christi urget nos. Caritas w Europie trzecim tysiacleciu, Caritas in Europe in the third millennium, Caritas in Europa im 3. Jahrtausend, Internationaler Caritaswissenschaftlicher Kongreß 22.–26.09.1999, Warszawa 2000, 167–187

Pompey, H., Das Gebet in der caritativ-seelsorglichen Begleitung, in: Lebendige Katechese 2 (2001) 87–90

Pompey, H., Die Glaubensbotschaft des Münsters zu Freiburg. Beispiele seiner Licht-, Zahlen- und Raumsymbolik, in: Lebendige Katechese 1 (2002) 19–25

Pompey, H., Geistlicher Impuls. Glaube, Hoffnung und Liebe als Kraft und Weisheit einer helfenden Diakonie, in: Zeitschrift für medizinische Ethik 49 (2003) 299–301

Pompey, H., Sterbebegleitung aus der Kraft und Weisheit des christlichen Glaubens, in: Lebendiges Zeugnis 60 (2005) 193–205

Pompey, H., Diakonie im interreligiösen und interkulturellen Dialog, in: Ruddat, G., Schäfer, G.K. (Hg.), Diakonisches Kompendium, Göttingen 2005, 158–186

Pompey, H., Freiheit statt Überregulierung – Für eine sozial-moralische Revitalisierung der Gesellschaft, in: Die neue Ordnung, 59 (2005) 131–139

Pompey, H., Solidarität und Helfen in interreligiöser Perspektive entdecken lernen, in: Adam, G., Hanisch, H., Schmidt, H., Zitt, R. (Hg.), Unterwegs zu einer Kultur des Helfens – Handbuch des diakonisch-sozialen Lernens, Stuttgart 2006, 115–129

Pompey, H., Caritas professionell jedoch „häretisch" – Liturgie feierlich jedoch folgenlos? Zur inneren Verbundenheit von Diakonie und Eucharistie sowie von Glauben und Liebe, in: Haslbeck, B., Günther, J. (Hg.), Wer hilft, wird ein anderer – Zur Provokation christlichen Helfens – Festschrift für Isidor Baumgartner, Berlin 2006, 99–121

Pompey, H., Religiosität und christlicher Glaube bei der Begleitung von Schwer- und Todkranken, in: Koch, U., Lang, K., Mehnert, A., Schmeling-Kludas, Ch. (Hg.), Die Begleitung schwer kranker und sterbender Menschen – Grundlagen und Anwendungshilfen für Berufsgruppen in der Palliativversorgung, Stuttgart 2006, 146–159

Pompey, H., „Omul nu traieste numai cu paine, ci cu orice cuvant care iese din gura lui Dumnezeu" (Matei 4.4). Serviciile social-morale si social-filantropice ale Bisericii, premisa a dezvoltarii economice a unei tari, in: Petrescu, T. (Ed.), Omagiu Professorului Nicolae v. Dura la 60 de Ani, Tomisului 2006, 186–190

Pompey, H., Die Diakonie der Freude und Hoffnung in einer pluralen Zukunft – Anregungen der Pastoralkonstitution über die Kirche in der Welt von heute: Gaudium et spes des II. Vatikanums, in: Theologie und Glaube 97 (2007)

Pontificium consilium „COR UNUM" Deus caritas est – Dokumentation des Internationalen Kongresses über die christliche Liebe, Vatikan 2006

Ratzinger, G., Geschichte der kirchlichen Armenpflege, Freiburg 1884[2]

Ratzinger, J., Die christliche Brüderlichkeit, München 1960

Ratzinger, J., Prinzipien christlicher Moral, Einsiedeln 1975

Ratzinger, J., Vorpolitische moralische Grundlagen eines freiheitlichen Staates – Stellungnahme Joseph Kardinal Ratzinger, in: Zur Debatte 35 (2005) IV–VI

Ratzinger, J., Glaube und Politik, Kirche und Staat, in: Die neue Ordnung 59 (2005) 180–182

Ratzinger J., Benedikt XVI. Der Gott Jesu Christi – Betrachtungen über den Dreieinigen Gott, München 2006

Ratzinger, J., Einführung in das Christentum, München 2006[7]

Ratzinger, J., d'Arcais, P. F., Gibt es Gott? Wahrheit, Glaube, Atheismus, Berlin 2006

Rauscher, A., Verhältnis von Staat und kirchlicher Caritas – Subsidiarität als Leitprinzip, in: Glatzel, Pompey, u.a., a.a.O. 1991, 84–98

Rogers, C. R., The interpersonal relationship: The core of guidance, in: Harward Educ.Review 42 (1962) 416–429

Rogers, C. R., The necessary and sufficient conditions of therapeutic personality change, in: Journal of Consulting Psychology 21 (1957) Apr (2) 95–103

Roos, L., Liebe und Gerechtigkeit – Die Enzyklika Benedikts XVI. über Caritas und Soziallehre, in: Die neue Ordnung 60 (2006) 84–95

Schidelko, J., Mit Interesse erwartet, in: Kirche und Leben (2006) 3

Schneider, J.-P., Pädagogik der Nächstenliebe – die französische Caritas und ihre Identität, in: Horn, J.-Ch., Pompey, H., (Hg.), „Die Liebe Christi drängt uns" (2 Kor 5,14) – Caritaswissenschaftliche Forschung für caritativ-diakonisches Engagement, Bd. 3: Caritaswissenschaft in der Welt und für die Welt: Caritaswissenschaft International & Caritaswissenschaft Interdisziplinär, Books on Demand Norderstedt 2006, 113–131

Schneider, M., Wahrheit gibt es nicht im Plural – Impulse aus dem theologischen Werk Joseph Ratzingers für den Dialog mit der orthodoxen Kirche, in: Die Tagespost v. 28. 02. 2006, 4

Sekretariat der Deutschen Bischofskonferenz (Hg.), Arbeitsvertragsrecht in der Kirche – Regional-Koda in Nordrhein-Westfalen. Vom 01. 05. 1980. Arbeitshilfe 16A, Bonn 1980

Spies, K., Hesse, W.F., Interaktion von Emotion und Kognition, in: Psychologische Rundschau 37 (1986) 2, 75–90

Sotoniakova, E., Basileias – Die Hilfe an den Bedürftigen – Sozialer Aspekt der Lehre des hl. Basilios des Großen vom Eigentum, in: Acta Universitatis Palackianae Olomucensis. Facultas theologica Cyrilla-Methodiana. Olomouc 1999, 1–13

Tausch, R. & Tausch, A., Gesprächspsychotherapie, Göttingen 1990[9]

Tertullian, Apologeticum – Verteidigung des Christentums, C. Becker (Hg.), München 1952

Thomas von Aquin, Die Liebe (1. Teil). Kommentiert von H. M. Christmann OP. II–II 23–33. Reihe: Summa theologica, Hg. Albertus-Magnus-Akademie Walberberg b. Köln, Bd. 17A, Heidelberg, Graz, Wien, Köln 1959

Tscheulin, D., Gemeinsame Grundelemente in verschiedenen Psychotherapieformen, in: E. R. Rey (Hg.), Aktuelle Psychiatrie, Bd. 2: Klinische Psychologie, Stuttgart 1981, 14–127

Tscheulin, D., Wirkfaktoren psychotherapeutischer Interaktion, Göttingen 1992

II. Vatikanisches Konzil, Dekret über die Hirtenaufgabe der Bischöfe in der Kirche, „Christus Dominus", Freiburg 1968

II. Vatikanisches Konzil, Pastorale Konstitution über die Kirche in der Welt von heute, „Gaudium et spes", Freiburg 1968

II. Vatikanisches Konzil, Dogmatische Konstitution über die Kirche, „Lumen Gentium", Freiburg 1968

Völkl, R., Kirche und „Caritas" nach den Dokumenten des Zweiten Vatikanischen Konzils, in: Caritas 67 (1966) 73–96; 123–145

Wippermann, C., Magalhaes, I. de., Zielgruppen-Handbuch – Religiöse und kirchliche Orientierungen in den Sinus-Milieus 2005, München, Heidelberg 2006

Watzlawik, P., Menschliche Kommunikation – Formen, Störungen, Paradoxien, Bern 2000[10]

Wohlfarth, A., Ehrenamtliches Engagement heute, Reihe „Studien zur Theologie und Praxis der Caritas und der Sozialen Pastoral", Bd. 4, Würzburg 1995/1997[2]

Zerfass, R., Das Proprium der Caritas als Herausforderung an die Träger, in: Caritas Jahrbuch 1993 (1992) 27–40

Zimmer, M., Mit Gottes Hilfe – caritatives Engagement aus der Kraft des Glaubens, in: Horn/Pompey, a.a.O., Bd. 1, 2006, 34–58

Caritas –
das menschliche
Gesicht des Glaubens

**Studien
zur Theologie und Praxis
der Caritas und Sozialen Pastoral**

Heinrich Pompey (Hg.)   **10**

**Caritas –
Das menschliche
Gesicht des Glaubens**

Ökumenische und
internationale Anstöße einer
Diakonietheologie

echter

Heinrich Pompey (Hg.)
**Caritas – Das menschliche
Gesicht des Glaubens**
Ökumenische und
internationale Anstöße
einer Diakonietheologie

399 Seiten, Broschur
ISBN 978-3-429-01950-1

Das Buch erhalten Sie
in Ihrer Buchhandlung.

echter verlag
www.echter-verlag.de

Caritas
im Spannungsfeld
von Wirtschaftlichkeit
und Menschlichkeit

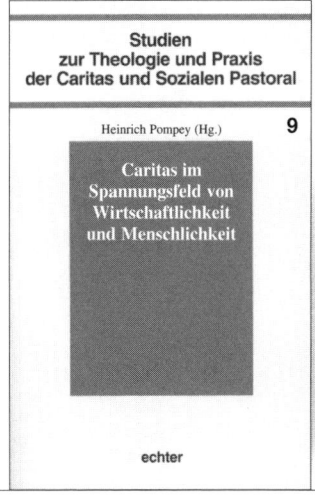

**Studien
zur Theologie und Praxis
der Caritas und Sozialen Pastoral**

Heinrich Pompey (Hg.)   **9**

Caritas im
Spannungsfeld von
Wirtschaftlichkeit
und Menschlichkeit

echter

Heinrich Pompey (Hg.)
**Caritas im Spannungsfeld
von Wirtschaftlichkeit und
Menschlichkeit**

414 Seiten, Broschur
ISBN 978-3-429-01949-5

Das Buch erhalten Sie
in Ihrer Buchhandlung.

echter verlag
www.echter-verlag.de